FACULTÉ DE DROIT DE DIJON.

DROIT ROMAIN.

DES CARACTÈRES GÉNÉRAUX DE L'*IN INTEGRUM RESTITUTIO.*

DROIT FRANÇAIS.

DES ACTIONS EN NULLITÉ ET EN RESCISION DES CONVENTIONS.

THÈSE POUR LE DOCTORAT

SOUTENUE LE SAMEDI 24 JANVIER 1874,

PAR

Ernest TRUCHOT,

AVOCAT À LA COUR DE BESANÇON.

SOUS LA PRÉSIDENCE DE M. LACOMME.

SUFFRAGANTS : MM. VILLEQUEZ, GUISÉE, *professeurs*; RENARDET, COUCHET, *agrégés*.

BESANÇON,

IMPRIMERIE ET LITHOGRAPHIE DE J. JACQUIN.

1874.

FACULTÉ DE DROIT DE DIJON.

DROIT ROMAIN.

DES CARACTÈRES GÉNÉRAUX
DE L'IN INTEGRUM RESTITUTIO.

DROIT FRANÇAIS.

DES ACTIONS EN NULLITÉ ET EN RESCISION
DES CONVENTIONS.

THÈSE
POUR LE DOCTORAT

SOUTENUE LE SAMEDI 24 JANVIER 1874,

PAR

Ernest TRUCHOT,

AVOCAT A LA COUR DE BESANÇON,

SOUS LA PRÉSIDENCE DE M. LACOMME.

SUFFRAGANTS : MM. VILLEQUEZ, GUENÉE, *professeurs*. RENARDET, MOUCHET, *agrégés*.

BESANÇON,

IMPRIMERIE ET LITHOGRAPHIE DE J. JACQUIN.

1874.

A LA MÉMOIRE DE MON PÈRE,

A MA GRAND'MÈRE,

A MES PARENTS ET AMIS.

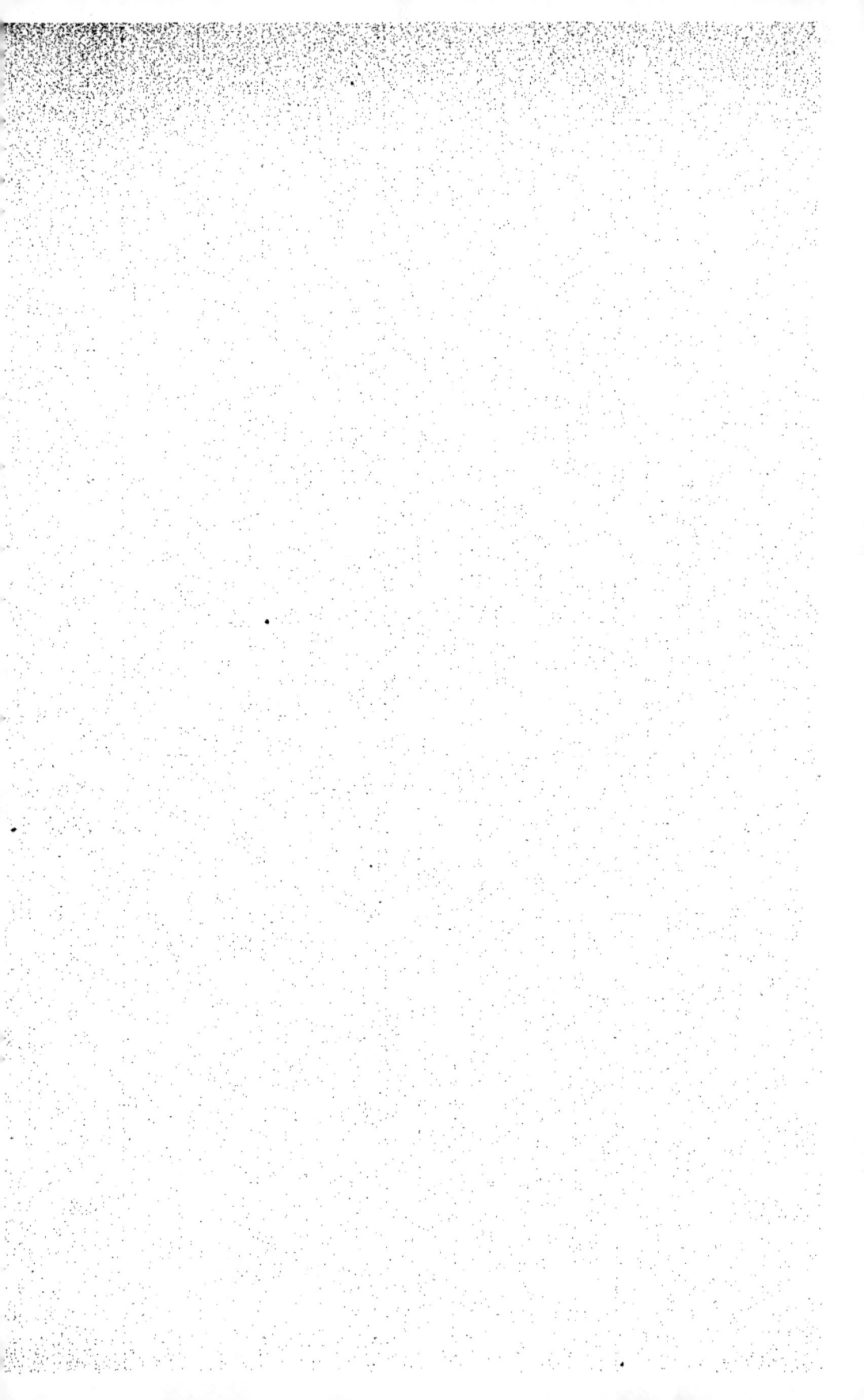

A MON ONCLE E. ROGER,

PRÉSIDENT DU TRIBUNAL CIVIL DE BESANÇON,

CHEVALIER DE LA LÉGION D'HONNEUR.

DROIT ROMAIN.

DES CARACTÈRES GÉNÉRAUX DE L'*IN INTEGRUM RESTITUTIO*.

(Dig., lib. IV, tit. 1-7.)

CHAPITRE Ier.

Introduction. — Définition de l'*In integrum restitutio* : son origine, ses destinées ultérieures.

Le mot latin *jus*, comme le mot français *droit*, désigne, dans sa signification usuelle, l'ensemble des règles imposées par la société et auxquelles l'individu n'est pas libre de se soustraire. Mais les règles tracées par le législateur sont toujours des règles générales embrassant un certain nombre de cas plus ou moins analogues, et, par suite, il peut arriver quelquefois qu'une règle, ainsi posée en termes généraux et justifiable en elle-même, se trouve applicable à telle espèce que le législateur n'avait pas prévue, et qui, raisonnablement, ne devait pas y être soumise. Dans ce cas, on dit que la loi blesse l'équité. Cette idée est exprimée dans Gaius (*Comment.*, IV, § 116) : *Sæpè accidit ut quis jure civili teneatur, sed iniquum sit eum judicio condemnari.*

Le besoin de faire cesser cette lutte entre le droit rigoureux (*jus strictum*) et l'équité (*æquitas*) est une des sources les plus fécondes du développement du droit positif. Parfois il donne naissance à des institutions nouvelles et indépendantes, telles que les *bonæ fidei actiones*, dont le but est de fournir des moyens juridiques de contrainte contre ceux qui refusent de se soumettre aux usages volontairement suivis par tous les gens de bien. D'autres fois, il n'exige que le rétablissement d'un état antérieur du droit, dont le changement, conforme au droit rigoureux, mais contraire à l'équité, a été réellement effectué au préjudice du titulaire. Or, ce rétablissement se présente sous deux formes bien différentes. Dans certains cas, il s'opère par des actions et des exceptions appartenant les unes au droit civil, telles que la *condictio indebiti, sinè causâ, ob causam datorum, redhibitoria actio* ; les autres au droit prétorien, telles que les actions et les exceptions *doli* et *quod metûs causâ*. Ces actions et ces exceptions sont, comme celles fondées sur des contrats ou des délits, toutes soumises à des règles de droit précises que doivent appliquer les juges ordinaires, dès que leurs conditions existent en fait. Dans d'autres cas, au contraire, le préteur se réserve le droit de prononcer lui-même le rétablissement d'un état antérieur, en vertu de sa toute-puissance, et d'après les circonstances particulières de chaque espèce. Ce sont ces cas seulement qui donnent lieu à l'*in integrum restitutio* prétorienne.

Paul (*Sent.*, lib. I, tit. VII, § 1) définit l'*in integrum restitutio* : « *redintegrandæ rei vel causæ actio.* » A cette définition, qui ne fournit qu'une notion vague et incomplète, nous proposons de substituer celle donnée par M. de Savigny (*Traité de droit romain*, t. VII, § 320) : « *L'in integrum restitutio* est le rétablissement d'un état antérieur du droit, motivé par une opposition entre l'équité et le droit rigoureux et opéré par la puissance du préteur, qui change avec connaissance de cause un droit réellement acquis. » Nous ajouterons qu'il ne s'agit pas d'un rétablissement *ipso jure*, mais d'un rétablissement opéré en vertu d'une fiction analogue à celle que nous rencontrons dans la succession prétorienne (*bonorum possessio*).

La définition donnée plus haut présente, outre l'avantage de la précision, celui de faire ressortir clairement les deux points saillants et caractéristiques de l'*in integrum restitutio*, et de la distinguer ainsi des actions voisines qu'on serait tenté de confondre avec elle. Le premier de ces points est la latitude extrême de pouvoir donnée au magistrat, latitude bien différente de l'*arbitrium* laissé au juge dans les actions ordinaires. L'*arbitrium* est soumis à des règles déterminées ; l'indépendance du préteur est entière. Le second point est la qualité du magistrat exclusivement chargé d'opérer la restitution : ce droit n'appartient, à Rome et dans toute l'Italie, qu'au préteur, c'est-à-dire au magistrat investi de l'autorité suprême en matière judiciaire, et dans les autres parties de l'empire, au gouverneur de la province, qui y tient la place que le préteur occupe à Rome.

Ces deux points capitaux de l'*in integrum restitutio* s'expliquent et s'atténuent l'un par l'autre. Si, d'un côté, l'extrême latitude laissée à l'autorité judiciaire peut devenir un danger sérieux, d'un autre côté, la situation du magistrat, qui seul peut accorder la restitution, offre un remède efficace contre l'arbitraire et l'injustice que ferait craindre l'étendue de ses pouvoirs. En effet, la courte durée de ses fonctions sert de contre-poids à l'abus qu'il pourrait faire de sa toute-puissance, et si, après l'année pendant laquelle sa charge lui est concédée, il veut conserver son influence et éviter les colères souvent terribles de l'opinion publique, il doit s'appliquer, par une administration impartiale de la justice, à mériter l'estime et la confiance de ses concitoyens. Enfin, durant l'exercice même de sa charge, il a autour de lui un grand nombre de magistrats, ses égaux ou ses supérieurs, dont chacun peut, par son *veto*, arrêter toute tentative d'injustice.

Telles sont les conditions dans lesquelles, à son origine, se présentait l'*in integrum restitutio*. Mais bientôt des changements nombreux en altérèrent singulièrement la nature. Perdant peu à peu son importance, elle se rapprocha du droit commun, et, d'*extraordinarium auxilium* qu'elle était dans le principe, elle devint insensiblement *commune auxilium*. En premier lieu, les pouvoirs concédés dans le commencement au préteur seul passèrent aux mains d'autres classes de magistrats, qui offraient peut-être moins de garanties, mais dont la décision fut, comme contre-poids, soumise à l'appel. D'autre part, les préteurs spécifièrent eux-mêmes les principaux cas où ils accorderaient la restitution ; enfin les jurisconsultes travaillèrent, par leurs commentaires sur l'édit, à établir, sur le refus ou l'admission de ce recours, des règles détaillées et précises, qui l'assimilèrent tous les jours davantage aux moyens de droit ordinaires, et lui enlevèrent son caractère de dépendance absolue aux volontés du préteur. Néanmoins, à aucune époque, la restitution ne perdit complétement son caractère primitif : elle resta toujours une règle imparfaite laissée aux mains du magistrat.

C'est à ce point de vue que se placent ceux qui doutent de l'utilité de cette institution dans une législation. Ils pensent qu'il vaut mieux réformer les lois, les mettre d'accord avec l'équité selon la constitution du pays, que de laisser cette faculté exorbitante au juge, qui devient ainsi souverain. Aussi, l'usage de la restitution avec les caractères romains n'est pas répandu chez les nations modernes.

Dans notre ancien droit français, l'*in integrum restitutio* n'existait guère que dans la forme ; car, s'il fallait obtenir des *lettres royaux* de rescision, il n'y avait là qu'une mesure fiscale.

Il nous reste à rechercher rapidement l'analogie et la différence qui existent entre la restitution et quelques autres institutions. Dans le *jugement*, il y a bien création par l'autorité judiciaire d'un droit nouveau et indépendant ; mais, comme ce droit nouveau repose non sur une fiction, mais sur une supposition de vérité, il ne peut y avoir de différence entre l'état actuel et l'état antérieur du droit. La *rescisio inofficiosi testamenti*, l'*adjudicatio*, modifient sciemment et volontairement l'état du droit, mais n'ont jamais pour but le rétablissement d'un état antérieur. La *grâce* d'un condamné a la plus grande analogie avec la restitution ; mais elle en diffère en ce qu'elle s'applique non au droit privé, mais au droit public. Enfin, nous rencontrons ces *actions* et ces *exceptions*, faites pour venir au secours de l'équité, à propos desquelles les textes emploient quelquefois les mots de restitution ; mais elles diffèrent de l'*in integrum restitutio* par leur nature et la forme de procéder. Aussi, ne faut-il pas accepter le nom d'*actions en restitution*, qu'on a voulu quelquefois leur donner.

CHAPITRE II.

Conditions de la restitution.

Les conditions de la restitution peuvent se ramener aux trois suivantes : 1° lésion ; 2° motifs de restitution ; 3° absence d'exceptions positives qui rendent la restitution inadmissible, malgré l'existence des deux premières conditions.

§ 1er. Lésion.

La lésion, exigée comme première condition de la restitution, n'est pas, ainsi qu'on pourrait être tenté de le croire, une violation du droit, car, dans ce cas, les actions ordinaires fournissent un recours pleinement suffisant : c'est un changement de l'état du droit, changement régulier et légitime en soi, mais préjudiciable à celui qui l'éprouve, soit par une diminution dans l'état du droit, soit par la transformation d'un droit certain en un droit douteux ou contesté.

Ce changement peut provenir soit d'un acte *(gestum)*, soit d'une omission. (L. 1, § 1, et l. 7, pr., D., IV, 4 ; l. 8, C. II, 12.) Le mot *gestum* n'a pas ici le sens restreint que lui attribue la loi 19 de *verb. signif.* ; il doit être entendu dans un sens large et comprendre aussi bien les contrats que toute espèce d'autres actes. C'est ce qu'Ulpien explique dans la loi 7, à notre titre, en examinant les divers cas où la restitution est accordée au mineur. Les personnes auxquelles le *gestum* a causé préjudice sont appelées *lapsi*, *circumscripti*, *circumventi* (L. 1 et l. 24, § 1, D., IV, 1 ; l. 9, § 4, D., XII, 2) ; mais ces expressions n'impliquent aucune fraude commise par l'adversaire. La légèreté ou l'inexpérience de la partie lésée sont souvent les seules causes du préjudice. (L. 44, D., IV, 4.)

La restitution s'applique-t-elle aussi bien au cas où la lésion résulte d'un *lucrum cessans* qu'à celui où elle provient d'un *damnum emergens?* En ce qui concerne le mineur, la question est formellement tranchée dans le sens de l'affirmative par la loi 7, § 6, à notre titre : *Hodiè certo jure utimur ut et in lucro minoribus succurratur.* En ce qui concerne les majeurs, la loi 18 (D., IV, 6) semble donner matière à douter : *Sciendum est quòd in his casibus restitutionis auxilium majoribus damus, in quibus rei duntaxat persequendæ gratiâ queruntur, non cùm et lucri faciendi ex alterius pœnâ vel damno auxilium sibi impertiri desiderant.*

Tout d'abord, dans cette loi, le point essentiel ne nous semble pas être *lucri faciendi,* mais bien *ex alterius pœnâ vel damno.* Cette remarque nous amène à une distinction qui nous permet d'établir qu'il n'existe pour les mineurs aucun privilége spécial. Le *lucrum* peut provenir de la diminution d'un bien déjà acquis à une autre personne : tel sera le gain résultant de l'accomplissement de l'usucapion ; il ne s'obtient que par une diminution égale des biens de l'ancien propriétaire. Dans ce cas, le mineur, pas plus que tout autre, ne sera admis à restitution pour le bien qu'il aura été privé d'acquérir : *Neque enim intelligitur amissum quod ablatum alteri non est.* (L. 20, D., IV, 6.) Si, au contraire, le gain ne doit pas diminuer le patrimoine d'autrui, s'il s'agit, par exemple, d'une succession ou d'un legs non recueillis par suite de la minorité ou de l'absence de celui auquel ils étaient échus, le mineur aussi bien que l'absent obtiendront du préteur l'*in integrum restitutio.* (L. 1, 2, C. II, 40; l. 17 et l. 41, D., IV, 6.)

On peut donc dire, en thèse générale, que la restitution peut être accordée aussi bien dans le cas de *lucrum cessans* que dans celui de *damnum emergens,* pourvu toutefois que le gain non réalisé ne doive pas être pris sur des biens déjà acquis à autrui.

Si le fait de la lésion est contesté, la preuve doit, suivant la règle générale, incomber à celui qui allègue ce fait. (L. 5, C. II, 22.)

§ 2. Motifs de restitution.

La seconde condition de l'*in integrum restitutio* est l'existence d'une *justa causa,* c'est-à-dire d'un motif suffisant pour nécessiter ce recours extraordinaire. Le préteur, dont l'appréciation est souveraine en cette matière, doit non-seulement examiner si le motif allégué existe réellement, mais encore s'il est de nature à rendre la restitution admissible et nécessaire. Telle est la double idée qui semble ressortir du passage suivant de Modestin : *Omnes in integrum restitutiones causâ cognitâ à prætore promittuntur : scilicet ut justitiam earum causarum examinet, an veræ sint, quarum nomine singulis subvenit.* (L. 3, D., IV, 1.) Dans cette recherche, le préteur devra surtout se laisser guider par deux considérations : la première, c'est que la lésion éprouvée par le demandeur soit une conséquence directe du motif qu'il allègue.

Ainsi, le mineur qui a acheté un *servum necessarium* n'est point restituable contre cette acquisition alors que plus tard cet esclave vient à mourir, car la lésion qu'il a éprouvée ne résulte point de son état de minorité, et un majeur aurait pu aussi bien que lui être victime de cette perte. (L. 11, § 4, D., IV, 4.) Ainsi encore un mineur a accepté une riche hérédité ; par suite d'un accident imprévu, d'un incendie par exemple, les immeubles composant cette hérédité ont péri, et d'avantageuse qu'elle était dans le principe, elle est devenue mauvaise : le mineur sera-t-il restituable contre son acceptation ? Non, dit Marcellus, car le préjudice dont il a souffert n'est pas dû à l'inexpérience de son âge, et l'accident qu'il a éprouvé pouvait arriver également au père de famille le plus diligent. (Même loi, § 5.) Nous trouvons d'ailleurs posée au Digeste la règle générale dont nous venons d'indiquer quelques applications. *Item non restituetur, qui sobriè rem suam administrans, occasione damni non inconsultè accidentis, sed fato, velit restitui : nec enim eventus damni restitutionem indulget, sed inconsulta facilitas.* (L. 11, § 4, D., IV, 4.)

En second lieu, le préteur doit se préoccuper des suites que peut entraîner la restitution pour celui auquel il l'accorde, et si ces conséquences devaient lui causer un tort plus grand que le bénéfice qu'il peut attendre de ce recours, il ne devrait pas y être admis. C'est ce que Paul exprime en ces termes : *Non semper autem ea quæ cum minoribus geruntur rescindenda sunt, sed ad bonum et æquum redigenda sunt, ne magno incommodo hujus ætatis homines adficiantur, nemine cum his contrahente.* (L. 24, pr., D., IV, 4.)

Le même motif d'équité amène à décider que la restitution doit être refusée si, n'ayant pour but que de réparer un léger préjudice, elle causait à autrui un dommage considérable. (L. 4, D., IV, 1.)

Les principaux motifs de restitution sont, non d'après l'ordre chronologique dans lequel ils se sont établis, mais d'après leur importance : la *minorité*, l'*absence*, la *violence*, l'*erreur*, la *fraude*, la *capitis diminutio*, enfin la *alienatio judicii mutandi causâ facta*. Nous ferons remarquer que ces deux dernières causes n'ont qu'un intérêt purement historique, et qu'au temps de Justinien, bien que le Digeste leur consacre à chacune un titre spécial, elles étaient entièrement tombées en désuétude.

§ 3. Absence d'exceptions positives.

Malgré l'existence de la lésion et de la *justa causa*, il peut se rencontrer certains cas exceptionnels où la restitution n'est point accordée. Les textes la refusent en premier lieu à l'auteur d'un délit public ou d'un délit privé pour réparer le préjudice que lui a causé ce délit : *Placet in delictis minoribus non subveniri...* (L. 9, § 2, D., IV, 4), *etenim malorum mores infirmitas animi non excusat.* (L. 1, C. II, 35.) Toutefois, si le délit ne constitue qu'une simple faute, si par exemple un mineur a, sans fraude aucune, omis de payer des droits de douane, il pourra échapper à la peine au moyen de la restitution. (L. 9, § 5.)

Cette règle semble d'ailleurs posée d'une façon générale par un texte du Code assez obscur, et qui a beaucoup exercé l'esprit des interprètes : *Si tamen delictum non ex animo, sed extrà venit, noxia non committitur, et ideò minoribus in hâc causâ in integrum auxilium competit.* (L. 1, C. II, 35.) Le mot *extrà* semble désigner la simple faute, et la loi 2, au même titre, fournit un exemple qui confirme cette interprétation. La mère qui a négligé de provoquer la nomination d'un tuteur à ses fils mineurs perd tout droit à leur succession. (L. 2, D., XXVI, 6.) Mais si elle est mineure elle-même, on présume que c'est par suite de l'inexpérience de son âge qu'elle a manqué au devoir que la loi lui imposait, et, au moyen de la restitution, elle peut se faire relever de la déchéance qu'elle avait encourue comme peine de son omission.

Le *dolus in contractibus* doit être assimilé aux délits. Si donc un mineur s'est frauduleusement laissé vendre comme esclave afin de partager le prix de la vente, il sera maintenu en servitude; car sa demande en restitution sera rejetée. (L. 9, § 4, D., IV, 4.)

En troisième lieu, il n'y a pas matière à restitution lorsque le nouvel état du droit créé par l'acte préjudiciable est de sa nature irrévocable. L'exemple le plus frappant que nous offrent les textes est relatif à l'affranchissement : *Restitutio in integrum contrà libertatem locum habere non potest.* (L. 3, C. II, 31.) Si donc un mineur a vendu un esclave qui, plus tard, a été affranchi par l'acquéreur, cette vente pourra donner lieu à une action en dommages-intérêts contre ce dernier, mais jamais à une restitution. (L. 48, § 1, D., IV, 4.) De même, on ne sera jamais restitué contre un jugement prononçant la liberté. (L. 4, C. II, 31.) Le droit romain ne nous offre également aucune trace de restitution proprement dite contre un mariage valablement contracté.

De ce que certains changements dans l'état des personnes sont à l'abri de toute restitution, on ne saurait conclure que cette exception s'étend à tous les droits de famille; en effet, la loi 3, § 6 (D., IV, 4), dispose formellement que l'adrogé trompé par l'adrogeant peut être restitué contre l'adrogation.

Enfin, la restitution n'est pas prononcée quand les voies ordinaires du droit sont suffisantes pour empêcher le préjudice : *Si communi auxilio et mero jure munitus sit, non debet ei tribui auxilium extraordinarium.* (L. 16, D., IV, 4.) Par exemple, si le mineur a contracté *sine tutoris auctoritate*, l'intervention du préteur est superflue, car le contrat est entaché de nullité.

Toutefois, si l'action ordinaire offrait à la partie lésée une protection moins efficace que la restitution, le préteur pourrait accorder ce recours extraordinaire. Ainsi le mineur, dans le cas même où ses intérêts sont garantis par l'*actio tutelæ*, peut demander la restitution, et bien plus, après avoir choisi entre ces deux voies de recours, il peut revenir sur son choix. (L. 45, § 1, D., IV, 4, et l. 3, C. II, 25.) Dans l'*actio tutelæ*, en effet, il faut prouver le dol, la faute, la négligence du tuteur (L. 1, D., XXVII, 3), et l'administration de cette preuve entraîne toujours une incertitude qui rend le résultat de l'action moins sûr que celui de la restitution.

CHAPITRE III.

Magistrats appelés à prononcer la restitution.

Le pouvoir de ces magistrats peut être considéré au double point de vue de la juridiction et de la compétence.

Dans les premiers temps, la juridiction en matière de restitution n'appartenait, pour Rome et l'Italie, qu'au préteur seul, et, dans chaque province, qu'au lieutenant de la province. La loi 26, § 1er (D., L, 1), nous apprend que les magistrats municipaux ne pouvaient jamais prononcer la restitution. Elle rentre, en effet, dans la classe des choses *quæ magis imperii sunt quàm jurisdictionis.* Le *judex* était frappé de la même incapacité; quoique nommé par le préteur, il devait, chaque fois qu'une demande en restitution était portée devant lui, la renvoyer à ce magistrat lui-même.

Ce principe ne fut pas modifié sous l'empire, en ce sens du moins que la juridiction continua à être confiée aux magistrats d'un ordre supérieur: préteur, préfet de la ville, préfet du prétoire, lieutenant des provinces, empereur lui-même.

Justinien, dans une constitution qui forme la loi 3 au Code (II, 47), décida que ces fonctionnaires pourraient déléguer à des juges-commissaires la mission d'instruire et de prononcer sur les demandes en restitution, qu'ils en fussent saisis par voie principale ou par voie incidente.

Nous trouvons quelques règles spéciales pour la restitution contre les jugements. Les lois 18 et 42 (D., IV, 4) établissent que si un magistrat peut restituer contre la sentence rendue par lui, ou par son prédécesseur, ou par un juge égal ou inférieur, il ne le peut jamais contre celle d'un juge supérieur. Ainsi, contre le jugement d'un juge nommé par le prince, la restitution ne peut être prononcée que par le prince lui-même.

La loi 17 nous apprend que si l'on peut demander à un juge la restitution contre sa sentence, on ne peut jamais en appeler, *quia appellatio quidem iniquitatis sententiæ querelam, in integrum verò restitutio erroris proprii veniæ petitionem, vel adversarii circumventionis allegationem continet.* Dans l'origine, l'appel était inconnu contre une restitution prononcée; sous l'empire, il passa en règle générale.

Quant à la compétence du juge touchant chaque cas particulier de restitution, on suit les règles établies pour les actions ordinaires, et notamment toute demande incidente en restitution est soumise à la décision du juge qui connaît de la demande principale. (DE SAVIGNY, *Traité de droit romain*, § 334.)

CHAPITRE IV.

Parties qui figurent dans l'instance.

Dans toute restitution, comme dans toute instance, figurent nécessairement deux parties : l'une qui invoque le secours de la restitution contre la lésion dont elle a été victime, et qui joue ainsi le rôle de demandeur ; l'autre qui est intéressée à empêcher la restitution pour prévenir la perte que lui causerait le rétablissement de l'état antérieur, et qui joue le rôle de défendeur. Pour plus de simplicité, nous adopterons la dénomination employée par M. de Savigny dans son *Traité de droit romain*, § 335, et nous appellerons *titulaire du droit* celui au nom duquel la restitution est demandée, et *obligé* celui contre lequel elle est dirigée.

§ 1er. Titulaire du droit.

I. Le titulaire du droit est d'abord celui qui a été directement victime de la lésion, tel que le mineur, l'absent, etc. On pourrait l'appeler titulaire *immédiat*.

A propos de cette première classe se présentent quelques questions difficiles, relatives au mineur. Et tout d'abord, le mineur de vingt-cinq ans, *filius familias*, peut-il être restitué? La loi 3, § 4 (D., IV, 4), décide que la restitution lui sera accordée, s'il y trouve intérêt, mais que cette restitution ne profitera point au père sous la puissance duquel il est placé. Ainsi, le fils, obligé par ordre de son père, sera restitué, tandis que le père restera soumis aux actions *quod jussu* ou *de peculio*.

Il s'élève, à l'occasion de ce principe, une question très controversée : le mineur *filius familias* a-t-il toujours droit à la restitution, quand il a agi sur l'ordre de son père, ou n'y a-t-il pas au contraire une exception à cette règle, en ce qui concerne le prêt d'argent contracté par le mineur avec le consentement de son père? Cette exception est posée, d'une façon formelle, par un texte qui a donné lieu à une dispute fameuse : la loi 3, § 4. *Si igitur filius conveniatur, postulet auxilium; si patrem conveniat creditor, auxilium cessat, exceptâ mutui datione : in hâc enim, si jussu patris mutuam pecuniam accepit, non adjuvatur.* Cette exception, contraire aux principes généraux, est singulière, et il est difficile d'en déterminer le motif. En effet, ni la dignité de la puissance paternelle, qui serait offensée par la restitution, ni la sagesse supposée du père, qui ne peut ordonner un acte préjudiciable, ne la motivent, puisque, dans ces mêmes hypothèses, la restitution est accordée pour tout autre acte juridique. Certains auteurs y ont vu un adoucissement aux rigueurs du S.-C. Macédonien, d'autres une récompense à l'usurier assez honnête pour demander au père la permission de prêter à son fils; quoi qu'il en soit, l'exception existe, le texte la proclame. M. de Savigny ne partage pas l'opinion générale; ne se soumettant pas à la leçon du Digeste, il propose deux corrections différentes, dont chacune dénature complétement le texte qui nous est parvenu. Dans la première, il déplace la négation, et du second membre de phrase la reporte dans le premier : *In hâc enim, si filius non jussu patris mutuam pecuniam accepit, adjuvatur.* Puis, donnant *pater* pour sujet à *adjuvatur*, il arrive à formuler la proposition suivante : « En général, on ne vient pas au secours du père actionné pour les actes de son fils, à moins qu'il ne s'agisse d'un prêt d'argent, car, contre cette action, le père a l'exception du sénatus-consulte, pourvu néanmoins que le fils n'ait pas emprunté par son ordre. »

Si l'on trouvait cette correction trop hardie, le savant romaniste propose d'arriver au même résultat par voie de simple interprétation. « A ces mots : *Si filius jussu patris.... accepit,* il suffirait, dit-il, d'ajouter un *seulement* sous-entendu (un *nonnisi*), et on aurait alors le sens suivant : « Car, quand il s'agit de cet acte (le prêt d'argent), l'exception protectrice (celle qui résulte du sénatus-consulte) est seulement refusée au père (*non adjuvatur*) quand l'emprunt a été fait par son ordre ; hors ce cas, il a l'exception qui consiste dans la dérogation à la règle : *Auxilium cessat.* Autrement dit, dans le cas d'un prêt d'argent, le père a, contre l'*actio de peculio*, l'*exceptio S. C. Macedoniani ;* il ne l'a pas contre l'*actio quod jussu.* Dans aucun cas, il ne peut invoquer la restitution. »

Le grand défaut de cette ingénieuse argumentation est de ne tenir aucun compte du texte ; elle fait la loi, au lieu de l'interpréter. Elle est d'ailleurs contredite par un rescrit de Gordien, ainsi conçu : *Si frater tuus, cùm mutuam pecuniam acciperet, in patris fuit potestate, nec jussu ejus, nec contra senatusconsultum contractum est : propter lubricum ætatis, adversùs eam cautionem in integrum restitutionem potuit postulare.*

Il résulte de ce rescrit que deux conditions sont exigées dans notre hypothèse pour accorder la restitution au mineur : 1° que l'emprunt ne tombe pas sous la prohibition du S.-C. Macédonien, car alors la restitution est inutile; 2° que l'emprunt ne soit pas fait par l'ordre du père. De cette seconde condition, on déduit par argument *à contrario* que l'emprunt fait par l'ordre du père ne donne pas matière à restitution. M. de Savigny cherche à repousser cette conclusion par des considérations générales sur la nature particulière des rescrits et sur le peu de certitude de l'interprétation par argument *à contrario*. Enfin, le texte devrait s'entendre dans un sens différent de celui que nous lui donnons : « Il ne signifie pas que la restitution devrait être refusée si l'emprunt eût été ordonné par le père, mais bien que, quand le père n'a pas ordonné l'emprunt, la restitution souffre d'autant moins de difficulté. » (*Traité de droit romain*, VII, p. 286.)

On peut se demander quelle est l'utilité de la restitution en présence de l'*exceptio S. C. Macedoniani*. La réponse est facile. Cette exception peut être contestée ou inapplicable, à cause de l'erreur du créancier sur la puissance paternelle, et, dans ce cas, l'intérêt du mineur exige un secours extraordinaire.

Les actes faits par l'esclave mineur de vingt-cinq ans ne donnent pas lieu à restitution ; car, même depuis son affranchissement, il n'est pas obligé par les contrats passés par lui en servitude; quant au maître, il doit s'imputer d'avoir confié ses intérêts à un esclave mineur. (L. 3, § 11.) Mais, si l'esclave a fait un acte compromettant l'exécution d'un fidéicommis d'où dépendait sa liberté, il peut obtenir la restitution. (L. 5.)

II. A côté du titulaire *immédiat* se placent d'autres personnes qui tirent leur droit du sien et que par opposition on pourrait appeler titulaires *médiats*. Dans cette classe on doit ranger tous les successeurs à titre universel du titulaire primitif, et, parmi eux, Ulpien nous indique : les héritiers (L. 18, § 5), ceux auxquels une hérédité a été restituée en vertu d'un fidéicommis, le *successor filiifamilias militis*, c'est-à-dire celui auquel échoit un *peculium castrense*, le maître du mineur devenu esclave, en un mot, tous ceux qui sont *loco hæredum*. (L. 6, D. IV, 1.)

Quid d'un successeur à titre particulier? Il ne peut invoquer la restitution, car il ne succède pas à la personne ou même à l'ensemble des biens; il ne peut pas dire que le droit à la restitution lui a été cédé. Mais le mineur aurait pu constituer celui avec qui il traitait *procurator in rem suam*, et lui céder ainsi la restitution, car celle-ci pouvait s'exercer *per procuratorem*. (L. 24, pr., D., IV, 4.)

Sur ces différents points, les textes du Digeste sont formels et ne laissent place à aucun doute; il n'en est pas de même du point de savoir si la restitution du titulaire immédiat peut profiter à la caution. Observons d'abord que la question ne peut se présenter que pour la restitution des mineurs; en effet, les absents ne sont en général restitués que contre des omissions, et en cas de dol ou de violence, la caution est protégée par l'*exceptio metûs* ou *doli*. D'autre part, la question n'offre d'intérêt que pour le créancier et la caution; en effet, le mineur lésé est protégé par la restitution à la fois contre l'action du créancier principal et contre le recours que la caution, qui a payé sa dette, peut exercer contre lui, soit en vertu de l'*actio mandati*, soit en vertu de l'*actio negotiorum gestorum*. Aussi Ulpien nous dit que le préteur n'a qu'à examiner qui il doit secourir, du créancier ou de la caution, *nam minor captus neutri tenebitur.* (L. 13, IV, 4.) Et tout d'abord, il ne restituera pas le fidéjusseur, lorsque la fidéjussion a été exigée dans le but de préserver le créancier du danger résultant pour lui de la minorité du débiteur. Deux textes, l'un d'Ulpien (L. 13, pr., D. IV, 4), l'autre de Paul (*Sent.*, I, 9, § 6), décident ce point de la façon la plus explicite; mais ni l'un ni l'autre des deux jurisconsultes ne nous indique le cas où le préteur accordera la restitution à la caution : c'est évidemment celui où le fait de la minorité étant ignoré du fidéjusseur ou même du créancier, l'engagement de la caution a eu pour but unique de garantir au créancier la solvabilité du débiteur et non point de le mettre à l'abri des risques de la restitution. C'est ce que Papinien semble exprimer dans le passage suivant : *Difficile est dicere causam juris honorarii, quæ potuit auxilio minori esse, retinere fidejussoris obligationem, quæ principalis fuit, et cui fidejussoris accessit sine contemplatione juris prætorii.* (L. 95, § 3, D., XLVI, 3.)

Quelle sera la marche à employer par la caution pour obtenir la restitution? Remarquons d'abord que, dans l'ancien droit, lorsque le créancier assignait la caution sans assigner le mineur, la caution ne pouvait jamais être restituée; mais par la Nov. IV, C. 1, Justinien permit à la caution actionnée d'user du bénéfice de *discussion* et de mettre en cause le débiteur principal; donc, au temps de Justinien, la caution peut toujours se trouver dans la même situation que si le mineur eût été assigné avec elle et qu'il eût invoqué la restitution. Et alors se présenteront deux hypothèses : ou bien le mineur, usant du moyen qu'Ulpien indique comme le plus sûr, a demandé la restitution à la fois contre le créancier et contre la caution; dans ce cas, le préteur pourra en présence de toutes les parties décider, en parfaite connaissance de cause, qui doit supporter la perte (L. 13, D., IV, 4); ou bien le mineur s'est contenté de demander la restitution contre le créancier; dans ce cas, la caution agira immédiatement contre le mineur, en vertu d'une des deux actions *mandati* ou *negotiorum gestorum*, à l'effet de contraindre le mineur à lui céder sa restitution pour l'opposer ensuite au créancier. C'est du moins ce qu'on peut déduire, par voie d'analogie, de ce que dit Paul dans un cas tout à fait semblable et qui doit être jugé d'après les mêmes principes : celui où le mineur a entrepris, pour le compte d'un majeur, une *negotiorum gestio* qui aurait tourné au préjudice de ce dernier. (L. 24, pr., D. IV, 4.)

§ 2. Obligé.

L'*obligé* est, avons-nous dit, celui contre lequel la restitution est dirigée; mais la restitution ne s'exerce pas toujours contre une personne déterminée, dont on pouvait prévoir la mise en cause à l'époque de la lésion; en effet, la restitution a pour objet le rétablissement d'un état antérieur, et ce rétablissement peut faire naître des rapports de droit très variés. S'agit-il de restituer contre une usucapion? la restitution agira contre tout possesseur, et ce possesseur pourra bien être une personne différente de celle qui a accompli l'usucapion au détriment du mineur ou de l'absent. Il en est de même en matière d'acceptation ou de répudiation d'une succession. Ulpien nous dit, en effet, d'une façon très expresse dans la loi 17 (D., IV, 6) : *Non solùm adversùs possessorem hæreditatis succurrendum militi, verùm adversùs eos quoque qui à possessore emerunt.* Dans les deux cas que nous venons d'examiner, la restitution est donc *in rem*. En est-il de même dans les contrats? En règle générale, non. La restitution ne s'exerce que contre celui avec qui la partie lésée a contracté; elle n'atteint les tiers que par exception; autrement dit, la restitution *in personam* est la règle, la restitution *in rem* l'exception. Ainsi, le mineur a fait une vente désavantageuse; il ne peut régulièrement réclamer sa propriété perdue qu'à son acquéreur, alors même que celui-ci l'aurait aliénée à un autre. Toutefois, si le second acquéreur a connu la vente faite par le mineur, si, par conséquent, il est de mauvaise foi, il sera atteint par la restitution; il y échappera, au contraire, s'il est de bonne foi, à moins toutefois que le premier acquéreur ne soit insolvable : *Æquitas est minori succurri etiam adversùs ignorantem*. (L. 13, D., IV, 4.)

Dans les limites que nous venons de poser, la restitution peut être demandée contre toute personne; mais cette règle souffre elle-même plusieurs exceptions fondées soit sur la *reverentia*, soit sur la position spéciale et privilégiée de celui contre lequel on agit.

1° Sont exceptés les parents et les patrons : Justinien trancha de la façon la plus absolue la controverse qui existait à ce sujet : *Sancimus nullo modo neque adversùs parentes utriusque sexùs, neque adversùs patronum vel patronam dari restitutionem; nam personarum reverentia omnem eis excludit restitutionem*. (L. 2, C. II, 42.) Pourtant la Novelle 155 nous apprend que l'enfant jouit de la restitution contre sa mère tutrice, lorsqu'elle a compromis ses intérêts.

2° Le mineur n'est pas restitué contre un autre mineur, s'il y a lésion des deux côtés; si, par exemple, un mineur a prêté de l'argent à un autre mineur, et que celui-ci l'ait dissipé ou perdu, l'emprunteur est préféré, et toutes choses demeurent en l'état. (L. 11, § 6, D., IV, 4.) Il en est autrement lorsque le préjudice existe d'un seul côté; quand, par exemple, une chose est vendue au-dessous de son prix, le vendeur seul éprouve un préjudice, et il obtiendra restitution; car l'acheteur n'encourra aucun préjudice relativement à l'état antérieur des choses. Nous en dirons autant du cas où l'absent acquiert par usucapion la chose d'un autre absent. (L. 46, D., IV, 6.)

L'exception du sénatus-consulte Macédonien, invoquée par un fils placé sous la puissance paternelle, ne prévaut pas contre la restitution demandée par le mineur qui lui a prêté de l'argent (L. 11, § 7, D., IV, 4); car le S.-C. a été fait plutôt en haine de l'usurier qu'en faveur du débiteur, et ici il s'agit de protéger un mineur lésé.

La restitution du mineur l'emporte également sur l'exception du S.-C. Velléien, si le premier débiteur libéré par l'*expromissio* de la femme est insolvable; dans le cas contraire, la femme oppose l'exception avec succès; et ce n'est que justice, puisque le mineur peut recourir, *jure communi*, contre un débiteur solvable, et ne rien perdre. (L. 12, D., IV, 4.)

CHAPITRE V.

Procédure de la restitution.

Nous avons déjà dit qu'un des caractères essentiels de la restitution était de n'être point soumise à la procédure ordinaire *(ordo judiciorum)*; elle se passait tout entière devant le préteur, le *judex* n'y intervenait point.

Celui qui, par voie de restitution, voulait changer l'état des choses, n'intentait point une *action*, car il eût été renvoyé devant un *judex* (L. 24, § 5, D., IV, 4) ; mais il demandait une *cognitio* suivie d'un décret du préteur, qui prononçait la restitution. (L. 3, § 9.)

Celui qui, à une action dirigée contre lui, voulait opposer la restitution, n'agissait pas par voie d'*exceptio ;* mais il réclamait directement le refus de l'action que le demandeur voulait exercer contre lui. (L. 27, § 1.)

L'abolition de l'*ordo judiciorum* rendit plus confuse la distinction entre la restitution et les voies ordinaires ; mais les différences de fond existent encore ; il faut toujours s'adresser aux mêmes magistrats, qui statuent au moyen d'un décret et non d'une sentence.

On peut demander la restitution soit en personne, soit par l'intermédiaire d'un mandataire muni d'une procuration spéciale ; une procuration générale serait insuffisante. (L. 25, § 1.) S'il y a doute sur la spécialité du mandat, au moment où la restitution est demandée, le mandataire sera tenu pour agir de fournir la caution : *ratam rem dominum habiturum*. (L. 26.)

Le défendeur peut être représenté par un simple *defensor*, qui devra seulement fournir la caution *judicatum solvi*. (L. 26, § 1.)

L'adversaire doit avoir été régulièrement assigné, et, soit qu'il se présente, soit qu'il fasse défaut, il est statué sur la demande (L. 13, pr.) ; s'il s'agit de se faire relever de l'acceptation d'une succession, la restitution ne peut être valablement prononcée qu'après avoir assigné tous les créanciers du défunt. (L. 29, § 2, et Nov. 119, C. 6.) Mais contre une simple péremption de procédure, le préteur peut restituer *brevi manu*, sans qu'il soit besoin d'assigner l'adversaire.

Il se présentait, suivant les circonstances, deux moyens d'atteindre le but de la restitution, c'est-à-dire la réparation du préjudice.

1° Dans le cas où il s'agit d'une omission ou d'une erreur de procédure, un simple décret rendu après *cognitio* termine l'affaire; en effet, le décret du préteur remet la partie lésée dans l'état où elle se serait trouvée s'il n'y avait eu ni omission ni erreur de procédure. Dans certains cas de restitution des mineurs, la même marche sera utilement suivie. Si, par exemple, le mineur a été trompé dans la vente d'un fonds, le préteur *jubet emptorem fundum cum fructibus reddere et pretium recipere;* ce décret suffit pour atteindre le but de la restitution. (L. 24, § 4.)

2° Dans d'autres cas, au contraire, la restitution sert uniquement à lever un obstacle qui empêche l'exercice d'une action ou d'une exception; et, indépendamment du décret du préteur, il faut, pour obtenir réparation du préjudice causé, recourir à un autre litige. La restitution, dans cette hypothèse, a pour but unique d'ouvrir la voie ordinaire qui, sans elle, demeurerait fermée. On peut donc dire, avec M. de Savigny, qu'elle est un recours *conditionnel*, puisque la partie lésée n'en tire réellement avantage qu'à la condition de gagner le second procès.

Ces deux phases ont été nettement distinguées par la doctrine; la première a reçu le nom de *judicium rescindens,* dénomination arbitraire inventée par les auteurs modernes; la seconde, c'est-à-dire le procès renvoyé devant le *judex,* a été appelée *judicium rescisorium,* expression technique, authentique, employée par les

Romains comme synonyme de *restitutorium judicium* ou *actio*. (L. 28, § 5, 6, D., IV, 6. L. 24, C. III, 32.)

Cette procédure, applicable surtout aux absents pour rétablir une action perdue, peut l'être aussi aux mineurs. C'est ce que nous indique Ulpien dans la loi 13, § 1. Ce texte fait clairement ressortir le contraste des deux espèces de procédure : un mineur a vendu sa chose à vil prix ; il demande à être restitué *in rem* contre le tiers possesseur, entre les mains duquel cette chose a passé par suite d'une nouvelle aliénation. Comment obtiendra-t-il cette restitution? Ulpien répond : *vel cognitione prætoriâ*, c'est-à-dire par un simple décret du préteur, *vel rescisâ alienatione, dato in rem judicio*, c'est-à-dire par un décret qui, restituant le mineur contre l'aliénation, lui permet de porter devant le *judex* une action de propriété. De ce texte résulte également que le préteur a le choix entre les deux procédures; mais en est-il toujours ainsi? Dans certains cas, la première seule est possible; dans d'autres, la seconde peut, mais ne doit pas nécessairement être employée : la partie lésée pourra réclamer l'une ou l'autre, et le préteur choisira celle qu'il préfère. Si, plus tard, il admit presque exclusivement la première procédure, comme la plus simple et la plus rapide (L. 2, D., IV, 6), il est vraisemblable que, dans le principe, il dut, à moins de motifs graves, se référer surtout à la seconde, comme plus conforme à la marche ordinaire suivie dans l'ancien *ordo judiciorum*.

CHAPITRE VI.

Modes d'extinction du droit à la restitution.

Deux causes font perdre le droit d'exercer la restitution : le désistement et la prescription.

§ 1er. Désistement.

De même que toute personne à laquelle compète une action peut, même après l'avoir intentée, l'abandonner et cesser d'en poursuivre les effets, de même celui qui a droit à la restitution peut, même après l'avoir réclamée, y renoncer.

Cette renonciation peut être expresse ou tacite, soit qu'elle résulte d'une déclaration formellement exprimée, soit qu'elle provienne, au contraire, d'actes faits en opposition directe avec le but de la restitution. La loi 30 (D., IV, 4) nous fournit un exemple de renonciation tacite dans le mineur qui, après avoir demandé la restitution contre l'expiration du délai d'une *bonorum possessio contra tabulas*, réclame un legs en vertu du testament du père ; en effet, en demandant l'exécution du legs, il reconnait la validité du testament et répudie ainsi le bénéfice que lui eût procuré l'intervention du préteur.

La loi 3, § 1, à notre titre, assimile la confirmation à une renonciation expresse. Mais la simple interruption des poursuites commencées n'équivaut pas à une renonciation ; on exige l'abandon formel et entier du droit. *Destitisse autem is videtur, non qui distulit, sed qui liti renuntiavit in totum.* (L. 21.)

Du reste, quelle que soit la forme de la renonciation, elle n'est valable qu'autant qu'elle est faite à un moment où l'état qui motive la restitution a cessé. Ainsi, le droit à la restitution pour cause, soit de minorité, soit de violence, ne pourra être perdu que par une renonciation faite en majorité ou en pleine liberté.

L'application de cette règle peut donner lieu à difficulté, quand l'acte juridique se continue pendant un certain temps et se manifeste par plusieurs actes distincts. Un mineur fait un contrat entraînant une série d'actes successifs; devenu majeur, il accomplit quelques-uns d'entre eux, la restitution est perdue; en effet, il y a confirmation valable, à moins toutefois que l'acte fait par le mineur devenu majeur ne soit une conséquence nécessaire de ce qu'il a fait déjà étant mineur. Dans ce cas, dit la loi, on s'attache au commencement : *Initio inspecto.* (L. 3, § 2.)

Telle est la règle qui semble résulter des deux cas suivants, examinés et résolus par Ulpien dans les § 1 et 2 de la loi que nous venons de citer. 1° Un mineur engage un procès; le jugement n'est rendu qu'après sa majorité; peut-il se faire restituer contre ce jugement? Non, dit Ulpien, à moins toutefois que son adversaire n'eût employé des manœuvres déloyales pour retarder la prononciation du jugement jusqu'à la majorité; encore faudrait-il que le jugement eût été rendu immédiatement après l'époque de la majorité, et que le mineur devenu majeur n'eût pas eu le temps de reconnaître qu'il était lésé par la procédure engagée, et d'y porter remède. (L. 3, § 1.) 2° Un mineur accepte une succession onéreuse; devenu majeur, il poursuit les débiteurs de la succession; puis il demande la restitution. Cette restitution, dit Ulpien, doit lui être accordée, parce qu'on se reporte à l'origine de la série d'actes par lui faits comme héritier. (L. 3, § 2.) Une telle solution paraît à M. de Savigny inconciliable avec les principes généraux, et surtout avec la décision relative à la *bonorum possessio* (L. 30), que nous avons examinée plus haut. Nous ne saurions partager cette opinion, et nous ne voyons aucune contradiction entre la loi 3, § 2, et la loi 30. En effet, la poursuite des débiteurs rentre dans la classe des actes purement conservatoires et n'entraîne pas acceptation de l'hérédité. Au contraire, la réclamation d'un legs a pour conséquence directe la reconnaissance de la validité du testament et la renonciation à la *bonorum possessio*, qu'on pourrait invoquer pour le rendre sans effet.

§ 2. Prescription.

La prescription, en matière de restitution, n'est point régie par les mêmes règles que la prescription des actions. Par sa nature, elle en diffère essentiellement et a plus de rapport avec une péremption de procédure qu'avec la prescription d'une action. Du reste, une différence pratique radicale sépare ces deux sortes de prescriptions; en matière ordinaire, la prescription n'enlève à un droit sa force qu'autant qu'on le revendique par voie d'action; mais elle lui laisse tout son effet, si on l'oppose par voie d'exception : en d'autres termes, elle paralyse l'attaque, mais ne nuit point à la défense. Au contraire, le droit d'invoquer la restitution se perd par un délai fixe, sans qu'on ait à distinguer si la restitution est réclamée par voie d'action ou opposée par voie d'exception, si elle est un moyen d'attaque ou un moyen de défense. (De Savigny, § 338.)

A l'époque classique, le délai de la restitution était d'une année utile, appelée *legitimum tempus*. Constantin décida, pour les mineurs seulement, qu'il serait de cinq ans à Rome, quatre ans en Italie et un an dans les provinces; mais les années ne sont plus des années utiles. (L. 2, tit. 16, *C. Theo.*, liv. II.)

A ces règles nombreuses et compliquées Justinien substitua une règle simple et uniforme; il fixa le délai de la prescription à quatre années pour toutes les restitutions et pour tous les lieux; mais ces années n'étaient plus des années utiles.

A partir de quelle époque ce délai de quatre ans commence-t-il à courir? S'agit-il d'une restitution pour cause de minorité? la prescription ne courra qu'à partir de la vingt-cinquième année accomplie, ou, si le mineur a obtenu la *venia ætatis*, à partir du jour où elle a été prononcée. (L. 7 et 5, C. II, 53.) Ce n'est pas à dire par là que le mineur ait besoin d'attendre sa majorité pour demander la restitution; il peut l'implorer à toute époque; la loi 7, § 9 (D., IV, 4), nous apprend, en effet, qu'il est restituable contre une première restitution prononcée sur une demande prématurée. — S'agit-il d'une restitution pour cause de violence ou de fraude? la prescription datera du jour où aura cessé la violence ou l'erreur.

Ces diverses applications nous amènent à poser un principe général qu'on peut formuler ainsi : la prescription commence au moment où cesse l'état anomal qui motive la restitution.

Cette règle est inapplicable à certaines personnes morales (les villes, les églises, les cloîtres) que la loi assimile aux mineurs, et auxquelles elle donne, comme à ces derniers, droit à la restitution. Comme l'état anomal sur lequel est fondée cette restitution est permanent, le point de départ de la prescription ne peut être fixé à la cessation de cet état. Un texte du droit canon (C. 1, *de rest. in* VI, I, 21) fait courir la prescription pour la restitution accordée aux églises à dater de la lésion, *à tempore læsionis*; l'analogie conduit à étendre cette règle aux personnes morales assimilées aux églises.

Faut-il aussi, pour que la prescription puisse courir, que la partie lésée ait eu connaissance de la lésion? Nous adoptons la négative. Lorsque le mineur arrive à la majorité, lorsque l'absent est de retour, la loi lui accorde quatre ans pour se rendre compte de l'état de son patrimoine et reconnaître s'il a subi une lésion; elle considère ce délai comme suffisant, et si, dans ce temps, aucune lésion n'a été découverte, elle présume qu'il n'en existe pas ou que l'ex-mineur a été négligent; et il mérite de subir la peine de sa négligence à rechercher la lésion aussi bien que de sa négligence à poursuivre la réparation du préjudice, après l'avoir découvert. Il est vrai que, dans les deux cas d'erreur et de fraude, le motif de la restitution étant précisément la connaissance imparfaite que la partie lésée a du véritable état des choses, la prescription ne peut commencer qu'au moment où cette ignorance a cessé; mais cette connaissance de la lésion ne constitue pas une condition nouvelle, puisqu'elle n'est qu'une application pure et simple de notre principe, qui exige, pour faire courir la prescription, la cessation de l'état anomal sur lequel est fondée la restitution.

Enfin la prescription doit avoir une durée non interrompue. Cette interruption peut résulter d'abord de la reproduction de l'état anomal, dont la cessation a marqué le commencement de la prescription. Si donc une personne, éloignée de son domicile, y revient plusieurs fois pendant la durée de son absence, sans jamais y rester le temps nécessaire pour l'accomplissement de la prescription, celle-ci ne court contre elle qu'à partir du retour définitif. Telle est du moins l'interprétation que Cujas (*Obs.* XIX, 15) donne à un passage assez obscur de la loi 28, § 3. (D., IV, 6.)

En second lieu, l'interruption peut résulter de l'usage que la partie lésée a fait de son droit à la restitution. On pourrait être tenté de croire que l'insinuation de la demande en restitution suffit pour interrompre la prescription. Il n'en est pas ainsi. D'après d'anciennes constitutions impériales, et, sans doute, parce que la forme de la *cognitio* est expéditive, Justinien exige que la contestation sur la restitution soit non-seulement engagée, mais encore terminée avant l'expiration des délais de la prescription. (L. 7, pr., C. II, 53.)

Une personne, pour laquelle se présente le concours de plusieurs motifs de restitution, peut-elle, contre la prescription d'une restitution, invoquer une restitution nouvelle? Pour soutenir la négative, on se fonde sur cette considération générale, que la restitution n'aurait point de terme, et on invoque un texte formel d'Ulpien : la loi 20. (D., IV, 4.) Le premier de ces arguments n'est que spécieux ; en effet, on ne peut craindre sérieusement de voir la restitution se reproduire indéfiniment. D'autre part, le texte d'Ulpien ne fait qu'établir une exception due à une règle spéciale, on ne saurait donc en tirer un principe général. Voici, en effet, le cas qu'examine ce jurisconsulte : Un mineur fait un contrat qui lui porte préjudice ; au moment où il atteint sa majorité, il est absent, et ne rentre à son domicile qu'après avoir accompli sa trentième année. Il ne peut invoquer la restitution pour cause de minorité ; la prescription est accomplie. L'absence l'autorise-t-elle à se faire restituer contre cette prescription ? Non ; car, quoique absent, il pouvait intenter sa demande en restitution, soit par l'intermédiaire d'un *procurator* à Rome devant le préteur, soit par lui-même devant le lieutenant de la province qu'il habite. Or, nous avons établi que la restitution n'est qu'un remède exceptionnel, donné à défaut de toute autre voie ordinaire. Donc, dans le cas dont il s'agit, elle doit être refusée, puisqu'elle manque d'une des conditions essentielles à son existence.

Ulpien pense que, quels que soient les motifs de l'absence, elle ne donne pas lieu à restitution contre la prescription d'une restitution ; plus tard, ce principe général reçut exception en ce qui concerne les soldats, et cela, en vertu du privilège spécial attaché à leur profession.

Lorsque le motif de restitution dérivant de l'état de minorité est prescrit, pourra-t-on, en invoquant une autre cause que l'absence, la fraude par exemple, se faire restituer contre cette prescription ? Nous adoptons l'affirmative ; en effet, la partie lésée a contre l'auteur de la fraude l'*actio doli*, *à fortiori* peut-elle invoquer contre lui la restitution, qui n'est point infamante, et qui, offrant les mêmes résultats, doit être préférée. (L. 7, § 1, D., IV, 1, et L. 1, § 6, D., IV, 3.) Cette solution est confirmée par le droit canon, en ce qui concerne les églises. (C. 1, *de rest. in VI*, I, 21.)

Il peut arriver que celui qui a droit à la restitution pour cause de minorité meure avant de l'avoir exercée. Meurt-il mineur ? Son héritier jouit, pour l'exercice de cette restitution, du même délai que lui, c'est-à-dire une année utile au temps classique, et quatre ans sous Justinien ; pour l'héritier mineur, ce délai ne commencera à courir que du jour où il aura atteint sa vingt-cinquième année. (L. 19, D., IV, 4.) Meurt-il majeur ? L'héritier ne jouira que du temps qui restait avant l'accomplissement de la prescription : *Id duntaxat tempus, quod habuit is, cui hæres extitit.* Pour l'héritier mineur, ce délai ne datera que du jour de sa majorité (même loi). Par un privilége spécial aux soldats, le délai ne court contre eux que du jour de leur congé. (L. 1, C. II, 53.)

DROIT FRANÇAIS.

DES ACTIONS EN NULLITÉ ET EN RESCISION DES CONVENTIONS.

(Code civil, art. 1304 - 1314.)

INTRODUCTION HISTORIQUE.

L'ancien droit français reconnaissait trois espèces de nullités : les nullités d'ordonnance, les nullités de coutume, les nullités de droit.

Les *nullités d'ordonnance* étaient celles qui résultaient de quelques édits, déclarations ou lettres patentes. Les *nullités de coutume* étaient celles qui dérivaient des lois municipales et appartenaient spécialement au droit coutumier. Ces deux premières espèces de nullités, édictées par le droit français proprement dit, donnaient lieu à l'*action en nullité*.

Les *nullités de droit* étaient celles que le droit romain avait établies et que nos lois n'avaient point expressément renouvelées ; elles donnaient naissance à l'*action en rescision*.

Toutefois, ce n'est guère que dans les auteurs du XVIe siècle que se trouve nettement tranchée la distinction entre ces deux actions avec les règles différentes qui leur sont propres. Les coutumiers du XIIIe siècle semblent, en effet, admettre que les mêmes règles sont applicables à ces deux espèces d'actions ; ils se bornent à distinguer entre l'action et l'exception. La convention est-elle *parfaite*, c'est-à-dire a-t-elle été exécutée ? l'action doit être intentée dans l'an et jour. Lors, au contraire, que la convention n'a pas été exécutée et que la nullité n'est opposée que par voie d'exception, la durée n'en est pas limitée : *Es autres qui ne sont parfaites*, dit le coutumier d'Artois, *peut-on bien dire que on n'i est mie tenu de respondre*. — A cette époque, il n'est pas encore question de *lettres* pour les actions en rescision ; mais lorsque l'autorité royale se fut affermie, on en vint à exiger l'intervention du roi au moyen de *lettres de rescision*, comme à Rome on exigeait celle du préteur. Il semble même qu'alors aucune nullité ne peut plus être prononcée qu'en vertu de lettres de rescision : *Contractus*, disait Imbert (Enchiridion, v° *Contractus*), *etsi nullius momenti fuerit, debet tamen principis rescripto rescindi vel nullus declarari ; quoniam moribus nostris nullus non potest dici contractus ipso jure*. Telle est l'origine de la maxime : *Voies de nullité n'ont lieu en France*. Mais si générale que paraisse d'abord avoir été cette maxime, elle ne tarda pas à être restreinte au cas où il s'agissait d'une *nullité de droit*, c'est-à-dire d'une nullité dérivant du droit romain et non sanctionnée par la coutume ou par l'ordonnance. C'est ce que nous enseignent les auteurs des trois derniers siècles et notamment Coquille dans son *Institution au droit français*, tit. Ier : « Aussi on a mis entre les droits royaux la restitution en entier.... Mais je crois que l'introduction d'un tel droit est fondée sur ce que les remèdes de restitution dépendent du droit civil des Romains, qui n'a pas force de loi en France ; et, pour autoriser et faire valoir l'allégation qui s'en fait, on a recours à la chancellerie du roi pour en obtenir lettres. Ce qui n'est requis pour faire rescinder ou déclarer nuls les contrats ou dispositions qui sont interdits par les constitutions de nos rois ou par les coutumes qui sont notre droit civil ; esquels cas le seul office du juge suffit, comme en obligation de femme mariée non autorisée, en donation faite à tuteur, en fait d'usures. » — Il est à remarquer que jamais le prince n'était dans le cas de prendre des lettres de chancellerie ; c'est ce qu'établit Lorry dans ses notes sur le *Traité des domaines*, de Lefebvre de Laplanche, liv. XI, ch. VII : Le prince dira, en ce cas, ce qu'a dit Charles VII : qu'il lui appartient seul de réformer son fait et le fait d'autrui, et que son bon plaisir était que ces actes fussent regardés comme nuls. Jamais la minorité du prince ne fut un titre de faiblesse, mais aussi jamais sa majorité ne créa une fin de non-recevoir.

Les observations précédentes nous permettent d'établir les différences qui, dans l'ancien droit français, distinguaient l'action en nullité de l'action en rescision aux deux points de vue : 1° des causes qui y donnaient ouverture ; 2° de la manière de les intenter. Une troisième différence les séparait encore au point de vue de la prescription.

1° L'action en nullité était celle par laquelle on provoquait l'annulation d'obligations dont la nullité était prononcée par les ordonnances ou les coutumes. L'action en rescision était celle par laquelle on provoquait la rétractation d'obligations qui, valables dans la rigueur du droit, blessaient les règles de l'équité ou n'étaient annulées que par le droit romain.

2° Les actions en nullité étaient immédiatement portées devant les juges compétents. L'exercice de l'action en rescision était subordonné à l'obtention de lettres de rescision délivrées au nom du roi par les chancelleries établies près des cours souveraines. Ces lettres étaient octroyées sans connaissance de cause et laissaient toute latitude aux juges devant lesquels l'action était renvoyée. (Toullier, VII, 524.) Nous ne retrouvons plus ici cette *cognitio* que nous avons remarquée dans l'*in integrum restitutio*, et l'intervention du roi est, à ce point de vue, toute différente de celle du préteur à Rome. Les lettres de chancellerie étaient toujours adressées à des juges royaux ; il suit de là que les juges seigneuriaux ne pouvaient jamais connaître des demandes en rescision.

3° Les actions en nullité se prescrivaient généralement par trente ans. Cependant, pour celles fondées sur l'inobservation des formes établies dans l'intérêt des mineurs, la prescription n'était que de dix ans. (Ordonn. de Villers-Cotterets du mois d'août 1539, art. 134.) Nous avons dit, dans une autre partie de notre travail, que Justinien avait fixé à quatre années le délai pendant lequel l'*in integrum restitutio* pouvait être utilement exercée. Louis XII, par une ordonnance rendue à Lyon en juillet 1510, prorogea le temps de la restitution à dix ans tant en pays de droit écrit qu'en pays de droit coutumier. Cette disposition fut renouvelée par François Ier dans son ordonnance donnée à Is-sur-Til, en octobre 1535, ch. 8, art. 8.

La loi des 7-11 septembre 1790 supprima les chancelleries et assimila, quant à la manière de l'intenter, l'action en rescision à l'action en nullité (art. 21).

D'un autre côté, l'article 1304 du Code civil établit une même prescription de dix ans pour les deux actions et supprima ainsi la différence qui existait entre elles, quant au délai durant lequel l'exercice en était permis.

CHAPITRE Ier.

Notions et définitions des actions en nullité et en rescision, d'après les principes du Code civil.

Les différences pratiques qui, dans l'ancien droit, séparaient les actions en nullité des actions en rescision ayant disparu de notre législation actuelle, on peut se demander s'il y a encore aujourd'hui quelque intérêt pratique à distinguer ces deux sortes d'actions, et si le législateur, en les soumettant aux mêmes règles, n'a pas entendu les confondre. Selon M. Delvincourt (II, p. 180 et notes), la loi, en employant indifféremment les deux expressions de *nullité* et de *rescision*, a rendu superflue toute distinction entre les deux actions. Nous ne saurions nous ranger à cette opinion; un examen attentif des dispositions relatives à notre matière montre en effet que si le Code a rejeté la distinction consacrée par l'ancien droit, il en a introduit une nouvelle. Sans doute, la terminologie qu'il a adoptée manque de précision; mais, en comparant les art. 887, 892, 1111, 1113, 1115, 1117, on remarque que les termes *nullité* ou *rescision* sont employés indifféremment pour désigner l'action par laquelle on provoque la rétractation d'un engagement entaché d'erreur, de dol ou de violence, action qui, dans l'ancien droit, était exclusivement qualifiée d'action en rescision. On remarque, au contraire, que le Code se sert exclusivement des termes *rescision*, *restitution*, toutes les fois qu'il veut désigner la rétractation d'un acte entaché de lésion. Il y a plus : ce cas est même le seul, parmi tous ceux à raison desquels l'ancien droit donnait une action en rescision, où le Code emploie les termes que nous venons de rapporter, sans jamais se servir de l'expression de *nullité*. (Art. 887, al. 2, 1305, 1306, 1313, 1674.)

Ces observations nous conduisent à dire avec MM. Aubry et Rau (§ 333) que, sous la législation actuelle, l'action en nullité est la voie juridique par laquelle on demande l'annulation d'une obligation qui ne réunit pas toutes les conditions exigées pour sa validité, c'est-à-dire toutes les conditions exigées à peine de nullité littérale ou virtuelle. L'action en rescision est la voie juridique par laquelle on demande la rétractation d'une obligation d'ailleurs valable en elle-même, mais par suite de laquelle on a éprouvé quelque lésion.

Dans le système que nous adoptons, les deux actions diffèrent au quadruple point de vue du fondement sur lequel elles reposent, de la preuve à faire, de l'office du juge, du moyen donné au défendeur pour arrêter les poursuites.

1° L'action en nullité est fondée sur l'absence d'une ou de plusieurs conditions nécessaires à la validité de l'obligation attaquée ; l'action en rescision repose sur la lésion.

2° Le demandeur en nullité n'a qu'à prouver l'inexistence de l'une ou l'autre des conditions requises par la loi pour la validité de l'obligation; le demandeur en rescision n'a qu'à fournir la preuve de la lésion.

3° La preuve de l'absence de l'une ou l'autre des conditions exigées par la loi à peine de nullité lie le juge et le met dans l'obligation de condamner, lors même que le demandeur ne justifierait d'aucune lésion. L'ancienne maxime : *Sans grief pas de nullité*, n'est plus admise aujourd'hui. Dans l'action en rescision, au contraire, la preuve de la lésion ne lie point le juge; et dans le cas où la loi n'a pas elle-même déterminé l'importance que doit avoir cette lésion, il peut rejeter la demande, si la lésion, quoique prouvée, lui semble trop peu considérable.

4° Enfin le défendeur à l'action en rescision peut en arrêter l'effet par l'offre d'une indemnité suffisante pour réparer la lésion, ce qui n'a pas lieu dans l'action en nullité.

De la distinction que nous venons d'établir entre ces deux actions résultent deux importantes conséquences : 1° On ne peut en instance d'appel convertir une demande en nullité en une demande en rescision ni *vice versâ*. (Merlin, *Répert.*, v° *Nullité*, § 9 ; Toullier, VII, 530 ; Civ. rej., 5 novembre 1807 ; Sir., 8, 1, 195.) 2° Un jugement qui a rejeté une demande en nullité fondée sur l'absence de consentement valable, ne peut être invoqué comme engendrant une exception de chose jugée contre une demande en rescision pour cause de lésion. (Aubry et Rau, § 333, note 2.)

Aux différences que nous venons d'énumérer M. Toullier en ajoute d'autres qu'il développe longuement, aux n°s 527 et suivants, mais qui ne sont pas susceptibles d'être admises dans le système que nous avons adopté. Suivant lui, l'acte nul, lorsque le vice qui l'infecte est visible, n'a que l'apparence d'un contrat; et, d'après l'ancienne maxime de notre jurisprudence : *Quod nullum est nullum producit effectum*, il ne produit aucun effet, il ne transfère pas la propriété et ne peut être exécuté provisoirement. L'acte rescindable, au contraire, ayant l'apparence du contrat légal, doit être exécuté provisoirement, jusqu'à ce qu'un jugement l'ait annulé. Cette différence n'est qu'une conséquence du principe que le savant auteur a posé au nº 521 : « Il y a, dit-il, deux espèces de nullités : 1º celles qui sont prononcées immédiatement par la loi elle-même, *ipso jure :* on les appelle nullités de droit ou de *plein droit ;* 2º celles qui ne sont prononcées que par le ministère du juge dans le cas de la rescision. Les premières, fondées sur un vice extrinsèque et apparent, donnent lieu à l'action en nullité; les secondes, au contraire, fondées sur un vice intrinsèque et caché, donnent lieu à la rescision ou restitution. » Mais M. Toullier ne fait que reproduire les errements de l'ancien droit que le Code civil a rejetés; la rescision n'est pour lui que l'ancienne *in integrum restitutio ;* aussi arrive-t-il à ranger parmi les actes rescindables ceux entachés d'erreur, de dol ou de violence, actes qui, dans notre système, donnent lieu à une action en nullité. D'ailleurs, nous n'admettons pas, malgré l'argument qu'on a voulu tirer de la comparaison des deux parties de l'art. 1117, qu'il y ait lieu de distinguer entre les cas où la loi se borne à ouvrir contre un acte une action en nullité, et ceux où elle déclare elle-même la nullité, soit d'une manière pure et simple, soit avec addition des mots de *droit* ou *plein droit ;* les actes entachés de nullité restent donc efficaces tant que l'annulation n'en a pas été prononcée par le juge. (Duranton, nº 1038, Aubry et Rau, § 37, texte et notes 16 et 17.)

CHAPITRE II.

De l'action en nullité.

Toute nullité, littérale ou virtuelle, dont une obligation est entachée, donne ouverture à une action en nullité.

Des nullités.

Le Code civil est loin d'offrir une théorie générale et complète sur les nullités, et sans nous associer aux critiques amères dirigées par M. de Savigny contre « l'incohérence et la défectuosité » de notre système, nous reconnaissons, avec M. Demolombe et la plupart des auteurs, que la doctrine rencontre de grands embarras et de sérieuses difficultés dans l'absence de théorie générale apparente, et dans l'obscurité qui résulte des termes employés par le législateur tantôt dans un sens, tantôt dans un autre, sans cette précision et cette exactitude qui sont les glorieux avantages d'une législation parfaite. Ce n'est pas à dire pour cela qu'on ne puisse trouver un système dans les différentes décisions des textes.

La nullité est l'invalidité ou l'inefficacité dont un acte est frappé comme contrevenant à un commandement ou à une défense de la loi. Il importe tout d'abord de distinguer l'acte nul d'autres actes qui, présentant avec lui une certaine analogie, sont pourtant d'une nature toute différente; nous voulons parler des actes frauduleux, lésionnaires et inexistants.

L'acte frauduleux est un acte qui a en lui-même une

existence pleine et entière, mais par lequel un débiteur porte atteinte aux droits de ses créanciers (art. 1167).

L'acte lésionnaire est celui qui, bien que réunissant les conditions requises pour sa validité, est de nature à entraîner une lésion au préjudice de son auteur ou de l'un des contractants. (Art. 783, 887 al. 2, 1079, 1674.)

L'acte inexistant est celui qui ne réunit pas les éléments de fait que suppose sa nature ou son objet, ou qui n'a pas été accompagné des conditions et des solennités indispensables à son existence, d'après la lettre ou l'esprit du droit positif. C'est ainsi qu'on ne peut concevoir de convention sans le concours du consentement des deux parties, de vente sans objet ou sans prix, de contrat de mariage sans la rédaction de cet acte dans la forme notariée. L'inefficacité de tels actes ne se couvre ni par la prescription ni par la confirmation ; elle n'a pas besoin d'être déclarée par sentence judiciaire, tout juge pourra même la prononcer d'office. Toute nullité doit, au contraire, être prononcée par jugement sur la demande de la partie qui veut s'en prévaloir. Il n'existe à notre connaissance qu'un seul cas où elle soit encourue de plein droit : c'est l'hypothèse prévue par l'art. 686 du Code de procédure.

La nullité est d'ordre public quand elle est fondée sur des motifs qui ont un rapport direct avec l'ordre public et les bonnes mœurs. M. Delvincourt (II, p. 181) donne pour exemple l'obligation fondée sur une cause illicite, celle qui dérogerait aux dispositions relatives à la puissance paternelle ou à la puissance maritale, etc. — La nullité est d'intérêt privé quand les motifs d'où elle découle sont fondés principalement sur l'intérêt des contractants ou sur l'intérêt des tiers qui n'ont pas été parties dans l'acte.

Les nullités sont absolues ou relatives, selon qu'elles peuvent être proposées par tous les intéressés ou par certaines personnes seulement. En règle générale, toute nullité est absolue, à moins que le législateur n'ait expressément réservé à certaines personnes le droit de s'en prévaloir ou que l'esprit même de la loi qui a édicté la nullité n'oblige à la restreindre. Ainsi les nullités d'ordre public sont absolues, mais ce caractère ne peut pas leur être attribué d'une façon invariable et ne peut servir, comme le pense pourtant M. Delvincourt, à les distinguer des nullités d'intérêt privé. L'article 1597 offre un exemple remarquable de nullité relative fondée sur un motif d'ordre public. Ce serait contrarier évidemment le but de la loi que d'accorder indistinctement aux deux parties la faculté d'invoquer la nullité prononcée par cet article. De même encore, les nullités de forme sont absolues, à moins toutefois qu'elles ne soient attachées à l'inobservation de formalités exclusivement prescrites dans l'intérêt de l'un des contractants. Telles sont les formalités exigées par les art. 457-459 dans les ventes d'immeubles appartenant à des mineurs.

Les nullités absolues et relatives sont textuelles ou virtuelles. Aucun article ne déclare par voie de mesure générale la nullité des actes faits contre les prescriptions de la loi. La jurisprudence et la doctrine suppléent à ce silence et admettent que le juge, d'après l'esprit de la loi, peut ou non prononcer la nullité. Et ces conséquences n'ont rien qui doive nous étonner en droit civil ; ne voyons-nous pas, en effet, malgré les textes restrictifs et précis des articles 1030 du Code de procédure civile et 407 du Code d'instruction criminelle, la jurisprudence, d'accord avec la raison, admettre, même en ces matières, des nullités virtuelles ? La contravention aux préceptes d'ordre public entraîne en général la nullité virtuelle des actes qui y ont contrevenu. Quant aux lois d'intérêt privé, la violation de leurs prescriptions n'emporte nullité virtuelle que lorsqu'il s'agit de formalités dont l'accomplissement est indispensable à la réalisation du but qu'a voulu atteindre le législateur. C'est à l'aide de cette règle que l'on déterminera dans les art. 2148 et 2153 les formalités dont l'inobservation doit entraîner la nullité des bordereaux d'inscriptions hypothécaires.

L'office du juge diffère suivant qu'il est appelé à statuer sur une nullité textuelle ou sur une nullité virtuelle; dans le premier cas, le juge doit seulement examiner si le précepte de la loi a été ou non violé; dans le second, il doit, en outre, apprécier en droit si la violation de ce précepte est de nature à entraîner la nullité de l'acte attaqué.

Les nullités dont traitent les art. 1304 et suivants appartiennent en principe à la classe des nullités relatives. Elles dérivent soit des vices de consentement, soit de l'incapacité de celui qui veut s'obliger, soit enfin de l'inobservation des formes spéciales prescrites dans l'intérêt des mineurs et des interdits.

Section I. — Nullités dérivant des vices de consentement.

De la combinaison des art. 1109 et 1117 il résulte que la loi frappe de nullité les obligations conventionnelles dans lesquelles le consentement a été donné par erreur, extorqué par violence ou surpris par dol. Cette nullité n'est que relative, et l'action à laquelle elle donne naissance ne peut être exercée que par la partie victime de la violence, du dol ou de l'erreur. L'action passe, dans ces trois circonstances, aux héritiers et successeurs universels de la personne au profit de laquelle elle est ouverte ; elle peut même, conformément à l'art. 1166, être exercée par ses créanciers. (Duranton, X, 562 ; Aubry et Rau, § 312, note 35.) La dernière partie de notre proposition est contestée par Toullier (VII, 566). Suivant cet auteur, celui qui a consenti peut seul dire si son consentement a été libre ou forcé, s'il n'a été déterminé que par dol ou par erreur. « Quel juge, ajoute-t-il, oserait contre mon témoignage prononcer que ma volonté a été contrainte ? » Cette doctrine repose sur une confusion évidente entre l'exercice de l'action et le moyen de la justifier ; mais les difficultés que peuvent éprouver les créanciers pour établir la violence, le dol ou l'erreur, ne sont point un motif suffisant pour leur dénier le droit de demander la nullité de l'obligation.

SECTION II. — Des nullités fondées sur l'incapacité de s'obliger.

En règle générale, ne peuvent s'obliger valablement ceux qui ne jouissent pas de l'exercice plein et entier de leurs droits civils. Nous verrons ultérieurement que l'incapacité des mineurs est soumise à des règles spéciales et que le principe général que nous venons de poser reçoit exception en ce qui les concerne. Nous ne retiendrons donc de l'énumération des incapables de contracter faite par l'art. 1124 que les interdits et les femmes mariées ; mais nous y ajouterons les prodigues et les faibles d'esprit pourvus d'un conseil judiciaire et les personnes placées dans un établissement d'aliénés.

§ 1er Interdits judiciairement.

Aux termes de l'art. 502, les actes passés par l'interdit postérieurement au jugement d'interdiction sont *nuls de droit*. Ces expressions ne signifient pas que la nullité soit encourue *ipso facto* et indépendamment de toute demande judiciaire ; le contraire résulte de l'art. 1304, al. 1 et 3. La rédaction de l'art. 502 indique seulement que, contrairement au droit romain, les actes passés postérieurement à l'interdiction doivent être nécessairement annulés, sans que les tiers intéressés à les faire maintenir soient admis à prouver qu'ils ont été consentis dans un intervalle lucide.

Les actes antérieurs au jugement d'interdiction sont *susceptibles d'être annulés* lorsque la cause de l'interdiction existait notoirement à l'époque où ils ont été passés (art. 503), ou lorsqu'elle était connue, bien qu'elle ne fût pas notoire, par ceux avec lesquels la personne ultérieurement interdite a contracté. Mais, à la différence de ce qui a lieu dans le cas de l'art. 502, la loi laisse aux juges un pouvoir discrétionnaire pour apprécier et l'état mental de l'auteur de l'acte attaqué et la bonne ou la mauvaise foi des tiers. Malgré la notoriété des causes de l'interdiction au moment de la passation de l'acte, les tribunaux pourraient donc en déclarer la validité, si le tiers avec lequel l'incapable a traité parvenait à établir qu'il a agi avec une entière bonne foi, ou que, malgré l'état habituel d'imbécillité, de démence ou de fureur, l'acte attaqué a été passé dans un intervalle lucide.

Quelque générale que soit la règle posée par l'art. 502, elle ne s'étend ni aux mariages ni aux reconnaissances d'enfants naturels; nous pensons, au contraire, qu'elle embrasse toutes dispositions à titre gratuit et notamment les conventions matrimoniales et même les testaments. (Aubry et Rau, § 502, note 14, et § 648, note 3. — *Contrà :* Troplong, *Contrat de mariage*, I, 99 et suivants ; Merlin, v° *Testament*, sect. I, § 1, art. 1, n° 6.)

Dans les cas prévus par les art. 502 et 503 la nullité n'est que relative, et l'action à laquelle elle donne ouverture ne peut être proposée que par l'interdit, ses représentants ou ayants cause.

L'interdit légalement doit-il être assimilé à l'interdit judiciairement, en ce qui concerne le sort des actes par lui passés ? Cette assimilation ressort clairement, à notre avis, des dispositions de l'art. 29 du Code pénal ; elle ressort d'une façon non moins évidente de l'emploi que le législateur a fait du même mot *interdiction* pour désigner la situation de l'individu condamné à une peine afflictive ou infamante et celle de l'homme auquel son état habituel d'imbécillité, de démence ou de fureur, a fait enlever l'exercice de ses droits civils. Les actes passés par l'interdit légalement sont donc frappés de nullité. Toutefois, nous en excepterons le mariage et la reconnaissance d'enfant naturel, comme nous l'avons déjà fait pour l'interdit judiciairement. A ces exceptions nous ajouterons la faculté de tester, bien que nous l'ayons déniée au dernier. Cette opinion, consacrée par la jurisprudence (Nîmes, 16 juin 1835 ; Sir., 35, 2, 485 ; Colmar, 1er avril 1846 ; Sir., 46, 2, 625) et conforme à la doctrine enseignée par MM. Aubry et Rau (§ 648), Chauveau et Faustin Hélie (*Théorie du Code pénal*, I, p. 211), a été combattue par un grand nombre d'auteurs, parmi lesquels nous citerons Boitard (*Leçons sur le Code pénal*, n° 88), Duranton (VIII, 181), Troplong (*Donations et testaments*, II, 525).

A la différence de la nullité résultant de l'incapacité de l'interdit judiciairement, celle prononcée contre les actes passés par l'interdit légalement est une nullité absolue ; elle peut donc être proposée soit par les personnes qui ont contracté avec le condamné, soit par ce dernier ou en son nom. Par l'interdiction la loi se propose, en effet, un double but : 1° empêcher, suivant l'expression de l'orateur du gouvernement, « que des profusions scandaleuses ne fassent d'un séjour d'humiliation et de deuil un théâtre de joies et de débauches ; » 2° enlever au condamné toutes ressources pécuniaires de nature à faciliter son évasion. Ce double but ne serait évidemment pas réalisé si les tiers pouvaient, en toute sécurité, traiter avec le condamné, sans craindre de voir annuler leurs conventions à la demande de ce dernier. D'un autre côté, la nullité étant plutôt établie contre le condamné que dans son intérêt, il faut en conclure que les tiers qui ont traité avec lui peuvent également se prévaloir de l'action en nullité. (Demolombe, I, 139 ; Valette sur Proudhon, II, p. 556 et 557 ; Aubry et Rau, § 85, note 6 ; Reg. rej., 20 mars 1852; Sir., 52, 1, 385.)

Sous l'empire de la législation antérieure à la loi du 31 mai 1854, les condamnés par contumace à une peine emportant mort civile étaient, aux termes de l'art. 28 du Code civil, privés, pendant les cinq années de grâce, de l'exercice des droits civils, et ils se trouvaient ainsi, sous le rapport de leur capacité juridique, dans une position analogue à celle des interdits légalement. La nullité dont étaient frappés les actes par eux passés était absolue et pouvait être invoquée par toute personne intéressée. Cependant M. Duranton, se fondant sur ce que le condamné ne doit pas pouvoir argumenter de sa propre faute et se faire ainsi une arme de sa désobéissance aux décrets de la justice, refusait l'action en nullité au contumax. Cette opinion se réfutait par les considérations suivantes : la nullité dont s'agit est une nullité d'ordre public et non pas seulement une nullité établie dans l'intérêt privé des tiers avec lesquels le contumax a contracté. D'ailleurs, si les tiers sont de bonne foi, s'ils établissent que le contumax a frauduleusement dissimulé son incapacité, ils pourront puiser dans cette circonstance une fin de non-recevoir contre l'action en nullité intentée par le condamné ou en son nom ; si, au contraire, ils sont de mauvaise foi, on ne voit pas pourquoi ils ne subiraient pas la conséquence de leur infraction à la loi. (Massé, *Droit commercial*, III, 159.)

Aujourd'hui, la position des accusés contumaces et celle des condamnés par contumace à des peines afflictives et infamantes, soit temporaires, soit perpétuelles, n'est plus la même : avant comme après l'arrêt de condamnation, ils ne sont pas privés de l'exercice des droits civils. M. Duranton (I, 228) enseigne à tort le contraire. En effet, l'art. 465 du Code d'instruction criminelle ne parle que de la suspension de l'exercice *des droits de citoyen*, et cette expression ne peut avoir en vue que les droits politiques. (Demante, I, 56; Demolombe, I, 224 ; Aubry et Rau, § 84, note 5.)

§ 2. Individus placés dans un établissement d'aliénés.

La loi du 30 juin 1838 sur les aliénés semble, par les diverses précautions qu'elle a prises dans l'intérêt de la conservation de leur patrimoine, avoir établi que, pendant la durée de leur séquestration, ils sont incapables de contracter valablement. La gestion de leurs biens est confiée à un administrateur provisoire chargé spécialement de prendre des mesures conservatoires, de faire et de passer les actes qui présentent un caractère d'urgence (art. 31). Pour ester en justice, ils doivent être représentés par un mandataire *ad litem* (art. 33). Enfin, pour rendre possible la passation des actes de disposition ou d'administration définitive, il faut recourir à l'interdiction et procéder selon les formes édictées par la loi dans cette institution. Est-ce à dire pour cela que la séquestration d'un individu dans un établissement d'aliénés crée une incapacité absolue, semblable à celle qui résulte de l'interdiction ? Telle n'a point été la pensée des auteurs de la loi du 30 juin 1838 ; ils ont eu pour but de déroger en faveur de l'aliéné aux dispositions des art. 503 et 504 du Code civil. Le demandeur en nullité sera tenu de prouver que l'auteur de l'acte attaqué était, au moment précis de la passation de cet acte, privé de ses facultés intellectuelles, ou tout au moins qu'il se trouvait avant et après cette passation dans un état habituel de démence ou de fureur. Mais le défendeur ne pourra, pour repousser l'action, invoquer l'art. 503 et exciper de la circonstance que l'état de démence n'était pas notoire ou qu'il en ignorait l'existence; il devra, pour triompher, prouver que l'auteur de l'acte attaqué n'était pas, avant et après la passation de cet acte, dans un état habituel d'imbécillité, de démence ou de fureur, ou que, du moins, cet acte a été passé dans un intervalle lucide. D'un autre côté, les héritiers de la personne placée dans un établissement d'aliénés peuvent, après son décès, poursuivre l'annulation des actes qu'elle a passés, bien que l'interdiction n'ait été ni provoquée ni prononcée de son vivant et que la preuve de la démence ne résulte pas de ces actes mêmes. Il résulte en effet de la combinaison des al. 1 et 3 de l'art. 39 de la loi du 30 juin 1838, que dans cette hypothèse, aucune condition spéciale n'est exigée pour la recevabilité de l'action des héritiers. (Demolombe, VIII, 857; Aubry et Rau, § 127 *bis*.)

§ 3. Faibles d'esprit et prodigues pourvus d'un conseil judiciaire.

Ils ne peuvent, sans l'assistance de ce conseil, passer valablement les actes pour lesquels elle est prescrite et dont les art. 499 et 513 donnent l'énumération ; en dehors des actes textuellement ou virtuellement compris dans cette énumération, ils conservent le libre exercice de leurs droits. Les actes passés sans l'assistance du conseil, dans les cas où elle est exigée, sont nuls de droit (art. 502). Quant aux actes antérieurs à la nomination du conseil judiciaire, l'existence, à l'époque où ils ont été passés, de la cause qui a motivé cette nomination ne peut servir de prétexte pour les attaquer. Seraient également inattaquables les actes consentis, depuis l'introduction de l'instance en nomination d'un conseil judiciaire, au profit d'un tiers qui aurait été averti de cette instance.

Doit-on assimiler aux actes pour lesquels l'assistance du conseil judiciaire est requise ceux que la mère tutrice n'est habile à contracter qu'avec l'avis du conseil de tutelle ? Sans doute, de pareils actes sont annulables à la demande de la mère ou du mineur devenu majeur ; mais ils ne sont pas nuls de droit dans le sens de l'art. 502, et ils pourraient être maintenus dans l'intérêt des tiers avec lesquels la mère tutrice a traité, si, à l'époque de leur passation, l'existence du conseil de tutelle n'était pas notoire, et si ces tiers n'en avaient eu personnellement aucune connaissance. Car, dans notre hypothèse, l'incapacité de la mère tutrice est de sa nature tout exceptionnelle, et, d'autre part, elle est le résultat d'un acte qui n'est pas public et que la loi ne soumet à aucune publicité. (En ce sens, Toullier, II, p. 12 ; Valette sur

Proudhon, II, p. 288. — *Contrà:* de Fréminville, I, 43; du Caurroy, Bonnier et Roustain, I, 591.)

§ 4. Femmes mariées.

Les actes par elles passés sans l'autorisation du mari ou de la justice sont nuls.

Dans ce cas, comme dans ceux que nous avons examinés aux § 2 et 3, la nullité est relative; elle ne peut être proposée que par le mari ou la femme, ainsi que par leurs héritiers, ayants cause et créanciers. (Aubry et Rau, § 312; Duranton, II, 512; Proudhon, *De l'usufruit*, V, 2347. — *Contrà :* Toullier, VII, 566.)

M. Demolombe (IV, 342), tout en admettant les créanciers de la femme à proposer la nullité résultant du défaut d'autorisation, refuse ce droit aux créanciers du mari, en alléguant que l'action en nullité, qui compète à ce dernier, n'étant point, en général, fondée sur un intérêt pécuniaire, constitue un droit exclusivement attaché à la personne. Mais si l'on suppose, comme cela est nécessaire pour que la question puisse se présenter, que cet intérêt pécuniaire existe pour le mari, on ne voit aucun motif de refuser à ses créanciers l'exercice de l'action. L'art. 225, il est vrai, dit que la nullité dont s'agit ne peut être opposée que par la femme, par le mari ou par leurs héritiers; mais l'exclusion qui ressort de la rédaction limitative de cet article ne porte évidemment que sur les personnes qui ont contracté avec la femme non autorisée; elle est étrangère aux créanciers qui agissent au nom de la femme ou du mari.

Section III. — Des nullités résultant de l'inobservation des formes prescrites dans l'intérêt des mineurs et des interdits.

Les actes à l'égard desquels la loi a prescrit l'observation de certaines formalités spéciales, telles que l'autorisation du conseil de famille, l'homologation de la justice, donnent lieu à une action en nullité, s'ils ont été passés en violation de ces formes, soit par le tuteur, soit par le mineur non émancipé, avec ou sans l'autorisation de son tuteur, soit enfin par le mineur émancipé assisté ou non de son curateur. (Proudhon et Valette, II, p. 489; de Fréminville, *De la minorité*, II, 827; Aubry et Rau, § 334.)

Dans les deux premières éditions de ses *Questions de droit*, Merlin avait enseigné l'opinion que nous avons adoptée; dans la troisième (*Hypothèque*, § 4, n° 3) sur les critiques de Toullier, il soutient que ce n'est plus par voie de *nullité*, mais seulement par voie de *rescision* que le mineur peut réclamer en majorité contre les aliénations qu'il a faites et les hypothèques qu'il a consenties sans observer les formalités requises. D'après son raisonnement, « l'art. 1305, dans son second alinéa, porte que la simple lésion donne lieu à la rescision *en faveur du mineur émancipé contre toutes conventions qui excèdent les bornes de sa capacité, ainsi qu'elle est déterminée au titre de la minorité, de la tutelle et de l'émancipation*; or, l'art. 484, placé sous ce titre, décide que le mineur ne pourra vendre ou aliéner ses immeubles sans observer les formalités prescrites au mineur non émancipé. Donc, la vente et l'aliénation que le mineur émancipé fait de ses immeubles sans observer ces formalités, sont au nombre des *conventions* dont parle l'art. 1305 dans sa seconde partie. Donc, le mineur qui a vendu ou aliéné et par conséquent hypothéqué ses immeubles sans observer ces formalités, ne peut revenir contre ce qu'il a fait que par *rescision*. Donc, la vente, l'aliénation, l'hypothèque, qu'il a consenties sans observer ces formalités, ne sont pas nulles de plein droit. Donc il en est de même à l'égard du mineur non émancipé : car le mot *conventions* ne peut pas avoir, dans la première partie de l'article, une acception moins large que dans la seconde. » Cette argumentation, quelque spécieuse qu'elle puisse paraître, pèche par la base ; car il résulte évidemment de la combinaison de l'art. 1305 avec les art. 1311 et 1313, que la disposition du premier ne touche que les conventions pour la formation desquelles la loi ne requiert l'observation d'aucune formalité spéciale.

Il est à remarquer que quand le législateur exige l'accomplissement de certaines formes, non pour la régularité de l'acte juridique considéré en lui-même, mais pour garantir plus efficacement les intérêts des personnes incapables de s'obliger, la nullité qui dérive de la violation des formes requises n'est que relative et ne peut, par conséquent, être proposée que par ceux en vue desquels elle a été établie. (Proudhon, II, p. 476 et 478 ; Troplong, *De la prescription*, II, 900.) L'action en nullité passe aux héritiers et successeurs universels de l'incapable et peut être exercée par ses créanciers.

CHAPITRE III.

De la rescision.

L'action en rescision pour cause de lésion est un privilége qui appartient spécialement aux mineurs. Les contrats des majeurs ne sont susceptibles d'être rescindés que dans les cas déterminés par la loi (art. 1313) ; ces cas ne sont susceptibles d'aucune extension ; l'action en rescision n'est donc donnée aux majeurs que pour lésion de plus du quart dans un partage (art. 887, 1079, 1476, 1872), et pour lésion de plus des sept douzièmes sur le prix de l'immeuble dans une vente (art. 1674).

SECTION I. — Dans quels cas les mineurs peuvent-ils exercer l'action en rescision ?

Malgré la disposition générale de l'art. 1305, il existe une catégorie d'actes qui sont pleinement inattaquables en raison de la lésion dont on les prétendrait entachés ; ces actes sont ceux passés par le tuteur dans les limites de son mandat et dans les formes que la loi a prescrites.

M. Toullier (VI, 106), suivant les errements du droit romain et la doctrine des anciens jurisconsultes, pense, au contraire, que ces actes peuvent donner lieu à une action en rescision. M. Troplong (*De la vente*, I, 166) reprend cette thèse avec beaucoup de chaleur et de conviction ; il y trouve plus de clarté et de simplicité que dans l'opinion contraire ; enfin on ne peut, d'après lui, opposer à son système que « quelques objections *cérébrines* prises de prétendus inconvénients qu'il occasionnerait dans les relations des tiers avec le mineur. »

Observons tout d'abord que, si les anciens jurisconsultes professaient cette doctrine, ils subissaient l'influence de la restitution romaine à laquelle ils n'avaient pu se soustraire, mais dont ils ne craignaient pas de dévoiler les fatales conséquences. « L'aliénation des immeubles d'un mineur est chatouilleuse, disait Henrys dans son style piquant et pittoresque; quelque assurance qu'on y cherche, il n'y en a point, et ce sont les précautions qui nuisent ; on en peut dire ce qu'on dit des potirons ; quelque apprêt qu'on en fasse, l'usage n'en est pas bon, et la meilleure sauce qu'on y puisse apporter, c'est de les jeter là (liv. IV, chap. vi, question 22). » Pothier est encore plus explicite : « Ce serait rendre impossible, dit-il, l'administration des biens des mineurs que de rescinder pour cause de lésion les actes de leurs tuteurs ; car, s'il en était ainsi, personne ne voudrait traiter avec le tuteur, puisqu'on ne le pourrait point faire d'une manière solide et irrévocable. » (*Traité de la procédure civile*, art. 2, ch. IV, partie V.)

Les rédacteurs du Code ont adopté la doctrine de Pothier : les actes valablement faits par le tuteur ne donnent lieu ni à l'action en nullité ni à l'action en rescision. L'art. 1305 dit, il est vrai, que la simple lésion donne lieu à la rescision pour le mineur non émancipé contre *toutes sortes de conventions* ; mais il ne s'agit ici que des obligations consenties par le mineur en l'absence de son tuteur. La preuve de cette assertion nous semble résulter de la comparaison des deux parties de notre article. D'autre part, les articles suivants, et notamment 1306 et 1312, supposent tous des actes faits par le mineur lui-même ; il doit donc en être de même de l'art. 1305. D'ailleurs, si la loi avait voulu admettre l'action en rescision au profit des mineurs contre les actes réguliers du tuteur, elle aurait dû accorder cette même action aux interdits, qu'elle place sur la même ligne que les mineurs dans les art. 1312 et 1314. Cette omission, inexplicable dans le système que nous combattons, se comprend fort bien, si l'on suppose qu'il ne s'agit dans l'art. 1305 que des obligations contractées par les mineurs eux-mêmes. En effet, les obligations consenties par les interdits étant frappées de nullité (art. 502), il ne pouvait en être question dans un article qui se borne à ouvrir une action en rescision. (Duranton, X, 280 et suiv. ; Pont, *Revue de législation*, 1844, III, p. 217 et suiv. ; Aubry et Rau, § 335, note 3.)

A l'encontre de notre thèse, on oppose l'art. 1314, d'après lequel le mineur ne peut point attaquer une aliénation d'immeubles ou un partage de succession, lorsque les formalités requises par la loi ont été remplies. *A contrario*, dit-on, quand il s'agit d'actes autres que ceux prévus par cet article, l'action en rescision devra être admise en principe. Nous répondons que ce n'est point un argument *à contrario*, mais un argument *à fortiori* qu'il faut tirer de l'art. 1314 ; en effet, l'aliénation d'immeubles ou le partage de succession sont des actes importants entre tous ; par conséquent, si l'action en rescision n'est pas recevable en ce cas, à plus forte raison ne devra-t-elle l'être dans aucun autre, pourvu que le mineur ait été valablement représenté. En vain M. Demante (II, 781 et 782) invoque-t-il l'art. 481 du Code de procédure ; il n'y a pas, en effet, d'analogie à établir entre l'action en rescision et la requête civile dont parle l'article précité. La preuve en est que l'Etat, les départements, les communes et les établissements publics, jouissent de la requête civile lorsqu'ils n'ont pas été valablement défendus, et cependant la loi ne leur ouvre point, en général, l'action en rescision contre les actes passés par les administrateurs qui les représentent. Il est donc naturel qu'il en soit ainsi du mineur.

En résumé, les mineurs non émancipés ont le droit d'attaquer par voie de rescision toutes les obligations qu'ils ont consenties en l'absence de leur tuteur ; mais ce sont là les seules obligations contre lesquelles l'action en rescision leur soit ouverte. Telle est la doctrine de MM. Aubry et Rau, § 335.

Pour être conséquents avec eux-mêmes, MM. Troplong et Toullier devaient établir une différence entre les actes faits par le mineur avec l'assistance de son tuteur et ceux qu'il a passés seuls. Donnant une action en rescision contre les premiers, ces auteurs accordent contre les seconds une action en nullité. « L'acte est nul, dit M. Toullier, lorsque la forme nécessaire pour sa validité n'a pas été observée. Or, quelle est la forme requise pour la validité des obligations du mineur? C'est sans contredit l'autorisation du tuteur. Donc, sans cette autorisation, l'obligation est nulle en sa forme, et donne lieu à l'action en nullité. » Il est impossible d'admettre, avec M. Toullier, que l'autorisation du tuteur soit une condition de *forme* nécessaire à la validité des actes faits par le mineur. En effet, d'après le système suivi par notre Code, c'est le tuteur qui représente le mineur dans tous les actes de la vie civile (art. 450). Aussi n'est-il jamais question du pupille agissant sous l'*autorité* du tuteur. A supposer qu'un mineur fasse un acte de cette nature, cet acte n'en serait pas moins à considérer comme fait par le tuteur lui-même, puisqu'il en a assumé toute la responsabilité par son autorisation. D'autre part, il existe une différence essentielle entre la forme des actes et la capacité des parties qui y figurent; par conséquent, un acte passé par un mineur ne peut être considéré comme nul en la forme, en raison de l'incapacité seule de ce dernier. L'argument qu'on veut tirer de l'art. 1311 n'est pas plus probant; cet article distingue, il est vrai, les actes sujets à rescision des actes nuls en la forme; mais cette dernière expression n'a évidemment en vue que les actes frappés de nullité à raison de l'inobservation des formes spéciales auxquelles ils sont soumis dans l'intérêt des mineurs. Enfin, deux considérations puissantes militent en faveur de notre opinion : 1° Il n'existe aucun texte de loi qui prononce la nullité des actes passés par le mineur en l'absence du tuteur. 2° La combinaison de l'art. 1125 avec les art. 225, 502 et 1305 démontre clairement que si les actes passés soit par une femme mariée non autorisée, soit par un interdit, sont nuls, les actes faits par le mineur sont seulement sujets à rescision pour cause de lésion.

Les mineurs émancipés ont l'action en rescision contre toutes les obligations qu'ils ont contractées sans l'assistance de leurs curateurs, dans les cas où cette assistance est exigée par la loi.

L'action en *réduction* que leur accorde l'art. 484 pour faire réduire leurs engagements excessifs ne doit pas être confondue avec l'action en rescision dont nous nous occupons. (Req. rej., 15 décembre 1832 ; Sir., 33, 1, 687.)

L'action en rescision n'atteint pas les actes passés avec l'assistance du curateur conformément à la loi, ni ceux que le mineur émancipé peut passer seul et pour lesquels il est réputé majeur ; il ne peut être restitué contre ces actes que dans le cas où le majeur le serait lui-même. Contre la première partie de notre proposition, M. Demante (II, 781 et 782) invoque l'art. 1305, qu'il interprète de la façon suivante. « La simple lésion donne lieu à la rescision en faveur du mineur émancipé contre toutes les conventions qui excèdent les bornes de sa capacité, telle qu'elle est réglée par l'art. 481, c'est-à-dire contre les conventions pour lesquelles il n'est pas réputé majeur. » Mais les termes employés par l'art. 1305 *in fine* nous montrent qu'il faut déterminer la capacité du mineur émancipé, non d'après l'art. 481 ou tout autre article pris isolément, mais bien d'après la théorie générale contenue au titre *de la minorité, de la tutelle et de l'émancipation ;* or, cette théorie nous apprend que le mineur émancipé est tout aussi capable de faire, avec l'assistance de son curateur, les actes pour lesquels cette assistance suffit, que de passer seul les actes qui ne l'exigent point. Pourquoi donc lui accorder la restitution contre les premiers, si on la lui refuse contre les seconds ?

L'action en rescision ne peut aboutir que si la lésion a été prouvée. La lésion doit résulter du contrat même ou se rattacher à l'exécution de ce contrat comme une conséquence qui pouvait être prévue d'après le cours ordinaire des choses. Tel est le cas où le mineur a dissipé follement le prix d'un objet mobilier qu'il avait vendu à sa valeur vraie. Si la lésion n'est, au contraire, que le résultat d'un événement casuel ou imprévu, elle ne suffira point pour justifier l'action en rescision (art. 1306).

Quelque modique que soit la lésion, elle donne lieu à la rescision en faveur du mineur (art. 1305 cbn. avec les articles 887 et 1674). Le juge pourrait néanmoins écarter une action qui ne serait fondée que sur une lésion insignifiante : *De minimis non curat prætor.* (L. 4, D., IV, I ; Toullier, VII, 577 ; Duranton, X, 288.)

La question de savoir quand la lésion est suffisante est, par la nature des choses, abandonnée à la prudence des magistrats. Remarquons à ce propos qu'on a toujours considéré comme une lésion l'engagement qui pourrait avoir pour effet de contraindre le mineur à vendre les immeubles, ou qui l'exposerait à des procès ou à des frais. (Toullier, VII, nos 577 et 578.)

Un mineur peut être restitué contre un mineur comme il le serait contre un majeur : *Et minor contrà minorem res-*

tituendus est. (L. 2, § 6 ; D., IV, 4 ; Toullier, VII, 591 ; de Fréminville, II, 856.)

L'action en rescision n'est accordée qu'au mineur lésé ; elle n'appartient ni aux personnes qui ont traité avec lui (art. 1125, 1305, 1313) ni à ses coobligés (art. 1208, 2012 al. 2) ; mais si la rescision ne profite ni aux codébiteurs solidaires du mineur ni à la caution, elle profite à ses coobligés majeurs lorsqu'il s'agit d'une obligation indivisible. (Besançon, 14 août 1845 ; Dalloz, 47, 2, 441.) Du reste, l'action en rescision passe, comme l'action en nullité, aux héritiers et successeurs universels du mineur, et peut être exercée en son nom par ses créanciers (art. 1166).

SECTION II. — Des cas dans lesquels la loi refuse au mineur l'action en rescision.

Le droit qu'a le mineur, en principe, de demander la rescision des actes qui sont de nature à lui faire éprouver une lésion, reçoit exception dans les cas suivants :

1° L'art. 1307, « en se bornant à dire que la déclaration de majorité faite par le mineur ne fait point obstacle à sa restitution, décide par cela seul qu'il y a obstacle à la restitution lorsqu'il y a plus que la simple déclaration de majorité, et laisse aux juges le soin d'appliquer le principe suivant les circonstances. » (*Rapport du tribun Jaubert ;* Locré, *Lég.*, XII, p. 495, n° 63.) Il faut conclure de là que le mineur qui, dans le dessein de tromper, emploie des manœuvres frauduleuses pour faire croire à sa majorité, est privé de l'action en rescision. (Toullier, VII, 589 et 590.)

2° « Le mineur commerçant, banquier ou artisan, n'est point restituable contre les engagements qu'il a pris à raison de son commerce ou de son art. » (Art. 1308.) Pour que le mineur puisse être réputé commerçant, il faut qu'il ait rempli les conditions exigées par l'art. 2 du Code de commerce (Aubry et Rau, § 335, note 16) ; mais les dispositions de cet article ne sauraient être étendues au mineur simple artisan ; il suffira donc, pour qu'il ne soit pas restituable contre ses engagements, qu'il exerce sa profession avec l'autorisation expresse ou tacite de ceux sous l'autorité desquels il se trouve placé.

3° « Le mineur n'est point restituable contre les conventions portées en son contrat de mariage, lorsqu'elles ont été faites avec le consentement et l'assistance de ceux dont le consentement est requis pour la validité de son mariage. » (Art. 1309.) *Habilis ad nuptias, habilis ad pacta nuptialia.* L'art. 2140 fait pourtant une exception à ce principe, relativement à la restriction de l'hypothèque légale de la femme à certains immeubles du mari; une telle convention ne peut être faite, même dans le contrat de mariage, qu'entre parties majeures.

En rapprochant l'art. 1309 des art. 1398 et 1095, qui emploient cumulativement les termes *consentement* et *assistance*, on pourrait être tenté de croire que le législateur a voulu exiger, pour la formation du contrat, la présence individuelle des personnes dont le consentement au mariage est nécessaire ; mais cette interprétation donnerait lieu à des difficultés inextricables, surtout s'il s'agissait de l'assistance du conseil de famille. On peut donc dire, avec MM. Aubry et Rau, que l'intervention de ces personnes au contrat de mariage peut être valablement suppléée au moyen d'un acte authentique portant en détail les conventions et dispositions auxquelles elles entendent donner leur adhésion. MM. Rodière et Pont (I, 42) vont plus loin ; ils enseignent que l'ascendant dont l'assistance est nécessaire pourrait se faire représenter par un mandataire porteur d'un pouvoir général et illimité qui lui permettrait d'autoriser le mineur à faire toute espèce de convention ou de donation. Cette doctrine nous paraît contraire à l'esprit de la loi. Il ne s'agit, en effet, pour les ascendants, que d'un droit de conseil dans l'exercice duquel ils peuvent sans doute se faire représenter par un tiers; mais ce tiers, en vertu de la procuration spéciale dont il est muni, ne sera censé être que leur organe, car la nature et l'objet du droit de conseil dont les ascendants sont investis résistent à la possibilité d'une délégation absolue.

4° Enfin le mineur n'est point restituable contre les obligations qui se forment malgré l'incapacité personnelle de l'obligé. Telles sont toutes les obligations légales (art. 1370), celles résultant de la gestion utile d'un tiers (art. 1375), celles dérivant de la *versio in rem*, c'est-à-dire des avantages que le mineur a retirés des contrats par lui passés (art. 1241, 1312); telles sont enfin les obligations qui naissent d'un délit ou d'un quasi-délit (art. 1310). Observons toutefois que cet article ne fait point obstacle à ce que le mineur soit restitué contre la reconnaissance qu'il aurait faite d'un délit ou d'un quasi-délit, et contre la transaction qu'il aurait consentie à ce sujet. (Toullier, VII, 587 et 588.)

CHAPITRE IV.

Effets des actions en nullité et en rescision.

Le Code ne contient pas de théorie générale sur les effets des actions en nullité et en rescision; on est donc obligé, pour les déterminer, de procéder par voie d'analogie. Or, l'obligation susceptible d'être attaquée par une action en nullité ou en rescision doit être considérée comme une obligation soumise à une condition résolutoire, et l'événement de cette condition se réalise par le jugement qui prononce la nullité ou la rescision. Donc, d'après l'art. 1183, il aura pour effet d'opérer la révocation de l'obligation et de remettre les choses au même état que si l'obligation n'avait jamais existé.

De ce principe résultent les conséquences suivantes, tant à l'égard des parties qu'à l'égard des tiers :

I. L'annulation ou la rescision d'un engagement contractuel oblige les parties à restituer respectivement ce qu'elles ont reçu ou perçu par suite ou en vertu du contrat d'où procédait cet engagement. Cette règle reçoit pourtant deux modifications :

1° S'il s'agit de l'annulation d'une obligation contractée par un incapable (mineur, interdit, femme mariée), il n'y a lieu au remboursement de ce qui aurait été payé en exécution de cet engagement que jusqu'à concurrence de ce dont l'incapable se trouve enrichi, sans qu'on puisse néanmoins mettre à la charge de l'autre partie les pertes résultant de cas fortuit ou de force majeure. (Pothier, n° 504; Duranton, XII, n° 45.) La loi présume le non-enrichissement de l'incapable ; en conséquence, elle ne l'oblige à restituer que pour autant que l'adversaire prouve que le paiement a tourné à son profit (art. 1312), et ce n'est que dans la mesure de cette preuve qu'il est tenu à rembourser ce qu'il a reçu. Si le paiement, au lieu d'être fait pendant la minorité, l'interdiction, le mariage, avait été effectué ultérieurement, c'est-à-dire quand le mineur est devenu majeur, quand l'interdit a obtenu la mainlevée du jugement d'interdiction, quand la femme est devenue veuve, le paiement emporterait ratification de l'acte, et, partant, la partie adverse pourrait opposer une fin de non-recevoir à l'action en nullité dirigée contre l'acte qu'elle a passé avec l'incapable. — L'époque à laquelle il faut se placer pour vérifier si l'incapable a été enrichi est celle où il intente son action. (L. 34, pr.; D., IV, 4.)

2° Quand l'action en nullité ou en rescision est dirigée contre un contrat synallagmatique, il y a lieu de distinguer si les choses qui forment l'objet de l'obligation annulée ou rescindée et celles dans lesquelles consiste l'obligation correspondante de l'autre partie sont des sommes d'argent ou des choses productives de fruits : dans ce cas, les intérêts et les fruits ne sont restitués que du jour auquel la demande en nullité ou en rescision a été formée ; les intérêts touchés et les fruits perçus jusqu'à cette époque se compensent entre eux. Au contraire, si des deux objets qui figurent dans les obligations réciproques d'un contrat synallagmatique il n'y en a qu'un seul qui soit productif d'intérêts ou de fruits, la restitution des intérêts ou fruits devra se faire à dater du jour où la somme d'argent a été payée, où la chose a été livrée. (Art. 1682 ; Aubry et Rau, § 336.)

II. Tous les droits réels, et même les droits personnels de jouissance, concédés sur un immeuble par une personne qui n'en était devenue propriétaire que par suite d'une obligation depuis annulée ou rescindée, s'évanouissent, et les conséquences de l'action en nullité ou en rescision réfléchissent contre les tiers auxquels ces droits ont été transmis. Cette règle n'est qu'une application de la maxime : *Resoluto jure dantis, resolvitur jus accipientis*, ou encore : *Nemo plus juris transferre potest quàm ipse habet.* L'art. 2125 est on ne peut plus explicite en ce qui concerne l'hypothèque.

CHAPITRE V.

Devant quel tribunal les actions en nullité ou en rescision peuvent-elles et doivent-elles être portées?

La loi 2, C. *Ubi et apud quem* (II, 47) décide que la demande en restitution doit être formée devant le juge du domicile du défendeur. Les interprètes limitèrent cette disposition au cas où la restitution n'a qu'un objet purement personnel et mobilier, et érigèrent en principe que dans le cas où l'action tend à recouvrer un immeuble ou un droit réel, il est loisible au demandeur de se pourvoir devant le juge du domicile du défendeur ou devant celui de la situation des biens. (Voët, *ad tit. De in integr. restit.*) Les actions de cette nature rentrent en effet dans la catégorie de celles qu'Ulpien qualifie de *personales in rem scriptæ*. Elles naissent d'une obligation personnelle; mais elles aboutissent aux conclusions d'une demande réelle; elles cumulent donc une action personnelle et une action réelle, et l'action personnelle y est le prélude de la revendication. *Hanc*, dit Cujas sur le § 1er des *inst. de act.*, *rei vindicatio habet velut præcursoriam et emissoriam actionem*. Ces actions ont donc un caractère mixte, et elles peuvent, à l'option du demandeur, être poursuivies soit devant les juges du défendeur, soit devant ceux de la situation de l'immeuble. Telle était l'opinion enseignée par les plus graves de nos anciens auteurs : Tiraqueau, Loyseau, Purgole, Pothier, et suivie par la jurisprudence des parlements.

Sous la législation actuelle, l'art. 59 du Code de procédure reconnaît trois espèces d'actions : l'action personnelle, qui doit être intentée devant le juge du domicile du défendeur ; l'action réelle, devant celui de la situation de l'objet litigieux ; l'action mixte, devant le juge du domicile du défendeur ou de la situation des biens. Le tribunal devant lequel devront être portées les actions résolutoires ou rescisoires de nature à réfléchir contre les tiers détenteurs variera donc suivant que nous leur reconnaîtrons le caractère d'actions personnelles, d'actions réelles ou d'actions mixtes.

Trois systèmes sont en présence :

1° M. Poncet (*Traité des actions*, n° 119) veut que l'action soit purement personnelle, tant à l'égard de la personne avec laquelle a été fait le contrat dont la résolution ou rescision est demandée qu'à l'égard du tiers détenteur de la chose formant l'objet de ce contrat. « En effet, dit-il, les tiers n'ont reçu de l'acquéreur originaire qu'un droit soumis à une condition résolutoire. Ils sont donc engagés comme lui à l'exécution de cette condition. L'action que leur intente le vendeur originaire dérive ainsi de l'engagement qu'ils ont *tacitement* et *indirectement* contracté envers lui, comme encore de celui de restituer que leur impose la loi. Elle est donc personnelle par sa nature ; elle l'est aussi par son objet, qui est d'obtenir l'exécution du pacte originaire dont ils se sont implicitement chargés. »

Ce système nous semble devoir être rejeté par les considérations suivantes : L'obligation qui sert de fondement à l'action personnelle doit venir d'un fait personnel du défendeur, c'est-à-dire d'un contrat ou d'un quasi-contrat, d'un délit ou d'un quasi-délit ; mais, dans le cas qui nous occupe, le tiers acquéreur n'a pas contracté avec le vendeur, et celui dont il tient ses droits ne lui a imposé aucune obligation précise envers ce même vendeur. On ne lui demande donc pas la chose parce qu'il a fait la promesse de la livrer, on la réclame de lui parce qu'il n'en est pas propriétaire et qu'en présence du véritable maître il ne peut garder ce qui ne lui appartient pas.

2° M. Carré (*Lois de l'organisation et de la compétence des juridictions civiles*, t. I, p. 470 à 478, et 510 à 520) soutient que l'action en résolution dirigée contre l'acquéreur direct est purement personnelle, mais qu'elle est mixte à l'égard du tiers détenteur. « En effet, dit-il, elle n'est pas purement réelle, quoiqu'elle dérive d'un contrat sans lequel elle n'aurait pas lieu. Elle n'est point aussi purement personnelle, parce que le contrat dont elle dérive n'est point passé entre les deux parties et ne forme pas un véritable lien personnel entre elles. »

Les mêmes raisons que nous avons données pour réfuter l'opinion de M. Poncet s'appliquent à la dernière partie de celle-ci. Ce n'est pas sur le contrat formé entre l'acquéreur et le tiers détenteur qu'est fondée l'action du vendeur, mais uniquement sur son droit de propriété. Ainsi, l'action qui, après la résolution ou la rescision du contrat originaire, serait dirigée uniquement contre le tiers détenteur, ne constitue qu'une action en revendication, c'est-à-dire une action purement réelle.

Nous ne saurions adhérer davantage à la première partie de la thèse de M. Carré. En effet, la nature des actions *in rem scriptæ* implique un mélange nécessaire de personnalité et de réalité qui est de la dernière évidence. Une action qu'on peut diriger contre un tiers détenteur ne saurait être purement personnelle quand elle est intentée contre l'obligé direct, car ce dernier devra en finir par un désistement comme les tiers détenteurs. (Troplong, *De la vente*, II, 630.)

3° Ces deux premiers systèmes écartés, il nous reste à présenter le troisième, qui n'est que la reproduction de celui admis dans l'ancien droit et qui de nos jours est professé par la plupart des auteurs et adopté par la cour de cassation. Il se formule ainsi :

Les actions résolutoires ou rescisoires de nature à réfléchir contre les tiers détenteurs sont mixtes, peu importe que l'immeuble formant l'objet de l'action se trouve encore entre les mains de l'obligé contre lequel la résolution est demandée ou qu'il ait passé entre celles de tiers détenteurs, et que, dans ce dernier cas, ces détenteurs aient été ou non mis en cause. Ces actions devront donc être portées devant le tribunal de la situation des biens ou du domicile de l'obligé originaire avec lequel a été formé le contrat dont la résolution ou la rescision est demandée. Si le tiers détenteur n'a pas été mis en cause lors de la demande en résolution du contrat originaire et que l'action ne soit dirigée contre lui qu'après le jugement prononçant l'annulation ou la rescision, cette action est purement réelle et le tribunal compétent sera celui de la situation des biens. (Troplong, *loc. cit.*, 625 à 637 ; de Fréminville, II, 932 ; Aubry et Rau, § 746 ; Lyon, 31 août 1849 ; Sir., 49, 2, 573.)

CHAPITRE VI.

Des fins de non-recevoir qui peuvent être opposées aux actions en nullité ou en rescision.

Les fins de non-recevoir qu'on oppose aux actions en nullité ou en rescision sont la confirmation et la prescription.

§ 1er. De la confirmation.

La confirmation est l'acte juridique par lequel une personne fait disparaître les vices dont se trouve entachée une obligation contre laquelle elle eût pu se pourvoir par voie de nullité ou de rescision.

La confirmation diffère donc de la reconnaissance de dette par laquelle le débiteur, tout en reconnaissant à sa charge l'existence d'une obligation, la laisse subsister telle qu'elle est, sans faire disparaître les vices qui peuvent y être attachés. Elle diffère également de la ratification d'un engagement contracté en notre nom par une personne dépourvue de mandat. La confirmation n'est point à confondre avec la simple renonciation à un droit; car, bien qu'elle implique renonciation au droit d'intenter l'action en nullité ou en rescision, il n'est pas vrai de dire que toute renonciation constitue une confirmation. Enfin, la confirmation se distingue de la novation en ce qu'elle n'a point pour effet d'éteindre une obligation et d'en créer une nouvelle à la place de l'ancienne; elle ne fait que valider l'obligation sujette à annulation ou à rescision. (Duranton, X, 345, XII, 294, XIII, 269.)

Les actes susceptibles de confirmation sont ceux qui existent civilement et contre lesquels la loi admet seulement une action en nullité ou en rescision. Ainsi, on ne peut confirmer les obligations naturelles. Ces obligations, en effet, quoique susceptibles d'être converties en obligations civiles, ne revêtent cependant pas ce caractère par suite d'une confirmation. *Confirmatio nihil dat novi.* (Civ. Cass., 27 juillet 1818; Sir., 19, 1, 126; Orléans, 23 avril 1842; Sir., 43, 2, 383.)

La confirmation ne saurait s'appliquer davantage aux obligations qui sont à considérer comme non avenues. Tel serait, par exemple, un acte sous seing privé dépourvu de la signature des parties ou de l'une d'elles, lorsque l'absence de signature provient non de ce que cette partie ne sait pas signer, mais de ce qu'elle a refusé de le faire.

Il ressort de la généralité des termes employés par l'article 1338 que toutes les obligations sujettes à annulation ou à rescision peuvent être confirmées sans qu'on ait à distinguer si les nullités dont elles sont atteintes sont des nullités absolues ou relatives, d'intérêt privé ou d'ordre public, de fond ou de forme. Observons seulement que les nullités absolues pouvant être proposées par tous les intéressés, la confirmation faite par l'un d'eux n'est valable qu'à son égard et n'est point opposable aux autres.

La règle générale que nous venons de poser souffre exception en ce qui concerne :

1° Les nullités d'ordre public et perpétuelles : dans ce cas, en effet, la volonté de l'obligé est absolument impuissante à faire disparaître, à une époque quelconque, la nullité dont l'obligation se trouve entachée. Le vice de l'obligation se continue donc malgré la confirmation et se communique à cette dernière. Ainsi, on ne peut confirmer les obligations conventionnelles fondées sur une cause illicite, par exemple l'engagement de payer des intérêts usuraires.

2° Les nullités résultant de l'inobservation de formalités établies dans l'intérêt des tiers (art. 1250, 2127) : elles ne sauraient être couvertes à leur détriment par un acte de confirmation intervenu entre les parties.

3° Les nullités de forme qui vicient une donation entre-vifs. Le donateur ne peut les couvrir ni par la confirmation expresse faite dans un acte sous seing privé ou authentique, ni par la confirmation tacite résultant de l'exécution volontaire de la donation (art. 1339). Mais ces nullités sont susceptibles d'être effacées par la confirmation expresse ou tacite des héritiers (art. 1340). Pour expliquer l'antinomie apparente qui existe entre ces deux dispositions de la loi, on a proposé plusieurs raisons. D'après les uns, en matière de donation, les conditions de forme sont exigées à peine de non-existence, d'après la règle : *Forma dat esse rei.* Comment comprendre alors que, plus tard, les héritiers puissent confirmer un acte non avenu ? D'après d'autres, la loi voit avec défaveur les donations entre-vifs qui viennent diminuer les espérances des héritiers, elle a donc institué cette nullité dans leur intérêt exclusif ; par conséquent, ils peuvent y renoncer par une simple confirmation. Pourquoi, dans ce cas, le donateur ne pourrait-il confirmer la donation quant à lui et pour sa vie durant ? Les art. 1339 et 1340 nous semblent avoir été établis à la fois dans l'intérêt du donateur et dans celui des héritiers. Le législateur, voyant avec défaveur les donations entre-vifs qui, dans un moment d'entraînement qu'il pourrait regretter plus tard, conduisent le donateur à se dépouiller de son vivant d'une partie de sa fortune, a pensé qu'il se laisserait plus difficilement aller à refaire qu'à confirmer. D'ailleurs, la confirmation ne pourrait être faite que dans les formes prescrites pour la donation ; autant valait donc admettre la nécessité de refaire la donation que la possibilité de la confirmer par un acte qui exigerait les mêmes formalités. D'autre part, si la loi permet aux héritiers de confirmer la donation, c'est qu'après la mort du donateur, la nullité n'existe plus qu'à leur profit, et qu'il n'est pas à craindre qu'ils se laissent aller intempestivement à accorder une ratification qui léserait leurs intérêts.

Lorsque le vice qui infecte l'obligation tient à un empêchement qui est de nature à se perpétuer pendant un temps plus ou moins long, cette obligation ne peut être valablement confirmée qu'après la cessation de la cause qui en opérait la nullité; autrement, la confirmation se trouverait entachée du même vice de nullité que l'obligation elle-même, et un acte nul ne peut confirmer un acte nul. C'est ainsi que la nullité de la contre-lettre par laquelle les époux modifient, après la célébration du mariage, leurs conventions matrimoniales, ne peut être couverte tant que dure le mariage par aucun acte confirmatif, mais elle est susceptible de l'être après sa dissolution. (Merlin, *Répert.*, v° *Convent. matrim.*, § 2.)

Il suit du même principe que les obligations annulables pour cause de dol, violence, erreur, ne peuvent être confirmées qu'à partir du jour où la violence aura cessé, où le dol aura été découvert, où l'erreur aura été connue; que les obligations susceptibles d'être annulées ou rescindées à raison de l'incapacité de l'obligé ne peuvent être ratifiées par celui-ci que lorsqu'il se trouve en état de capacité.

Au point de vue du fond, deux conditions sont nécessaires pour la validité de la confirmation. Il faut 1° que la partie en faveur de laquelle existe le droit de demander l'annulation ou la rescision de l'obligation ait eu connaissance du vice dont elle est entachée; 2° qu'elle ait eu l'intention de le réparer. Ces deux conditions sont exigées pour toute espèce de confirmation.

Au point de vue de la forme, la confirmation est expresse ou tacite.

I. La confirmation expresse peut être faite soit par un acte authentique, soit par un acte sous seing privé. Toutefois, si la nullité dérive de l'inobservation des formes spéciales établies pour sauvegarder la liberté d'action des parties, la confirmation ne peut être contenue que dans un acte revêtu de ces mêmes formalités. C'est ainsi que la reconnaissance d'enfant naturel, nulle en la forme, ne peut être confirmée que par un acte authentique. (Aubry et Rau, § 337.)

Pour que l'acte confirmatif fasse preuve complète de la confirmation, il faut qu'il réunisse les trois conditions suivantes (art. 1338) :

1° Qu'on y trouve la *substance* de l'obligation sujette à rescision ou à annulation. On entend par substance de l'obligation « ce en quoi elle consiste, ce sans quoi elle n'existerait pas, ce sans quoi on ne la connaîtrait pas suffisamment. » (Toullier, VIII, 496.) Ici, la loi est moins sévère que pour les actes récognitifs, qui doivent contenir non-seulement la relation de la substance, mais celle de la *teneur* du titre primordial.

2° Que cet acte renferme la mention du motif de l'action en nullité ou en rescision. Cette disposition a pour but de vérifier que celui qui fait la confirmation connaissait le vice dont l'obligation se trouve infectée. — Quand une convention est entachée de plusieurs vices, suffit-il, dans l'acte confirmatif, de faire mention de l'un d'eux ? Cette question doit, à notre avis, être résolue par la négative. (L. 1, C., V, 74; Toullier, VIII, 498.)

M. Favard reconnait bien que cette solution est une conséquence des termes de l'art. 1338 ; mais il y voit une rigueur contraire à l'équité. Pour soutenir cette doctrine, il faut, dit cet auteur, supposer que la partie qui a renoncé à l'un des moyens de nullité qui servaient de fondement à son action a pu vouloir ne pas renoncer aux autres, et, dès lors, la ratification n'est-elle pas un piége tendu à la bonne foi de celui en faveur de qui elle est faite? Ce raisonnement repose sur l'hypothèse où celui qui confirme omet sciemment de mentionner un vice dont il a connaissance, omission qui constituerait, en effet, une fraude. Mais ce n'est point ainsi que la question doit être posée; car il est certain que les juges ne doivent jamais concourir au succès du dol. Il faut, au contraire, admettre la bonne foi de celui qui a confirmé, c'est-à-dire supposer qu'il ignorait l'existence de cet autre vice qui, ultérieurement, pourrait servir de base à l'action qu'il voudrait diriger contre l'acte confirmé, et, à ce point de vue, il nous paraît impossible de déclarer le demandeur non recevable, à raison de la confirmation limitée qu'il a faite.

3° Il faut enfin que l'intention de réparer le vice sur lequel serait fondée l'action en nullité ou en rescision soit exprimée. Nous pensons avec M. Toullier (VIII, 499) que si la preuve de cette volonté résultait d'autres écrits que de l'acte confirmatif non rédigé conformément au vœu de la loi, la confirmation devrait être maintenue. En effet, il ressort de l'art. 1108 que la loi, en ne mettant point l'écriture au nombre des conditions nécessaires à la validité des conventions, a entendu consacrer la maxime : *Solus consensus obligat;* cette règle ne reçoit exception que dans le cas où le Code a formellement soumis l'efficacité d'un acte à l'accomplissement de certaines formalités; or, de ce que l'article 1338 ne subordonne pas la validité de la confirmation aux énonciations ci-dessus indiquées, il faut conclure qu'elles ne sont exigées que comme moyen de prouver l'existence des conditions auxquelles la confirmation est attachée. Il nous paraît même que l'acte de confirmation, quoique imparfait comme ne réunissant pas toutes les énonciations exigées par l'art. 1338, n'est pourtant pas dénué de toute force ; il pourrait servir de commencement de preuve par écrit et autoriser l'admission de la preuve testimoniale.

II. La confirmation tacite est celle qui résulte de l'exécution volontaire de l'obligation sujette à annulation ou à rescision. Quoique la loi ne dise pas formellement que la connaissance du vice dont est entachée l'obligation et l'intention de l'effacer sont nécessaires à la confirmation tacite, l'art. 1338 suppose indubitablement le concours de ces deux conditions, lorsqu'il statue qu'à défaut d'acte de confirmation, il suffit que l'obligation soit volontairement exécutée *après l'époque à laquelle elle pouvait être valablement confirmée.*

Est-ce au débiteur qui a confirmé l'obligation à prouver qu'il n'avait pas connaissance du vice dont elle était affectée au moment où il l'a confirmée? Est-ce, au contraire, au créancier qui se prévaut de la confirmation à justifier que le débiteur a agi en connaissance de cause? M. Toullier (VIII, 519) soutient que la preuve est à la charge du débiteur, par la raison que l'erreur ne se présume pas et que c'est à celui qui l'invoque à la justifier, d'après la maxime : *Onus probandi incumbit actori.* Nous croyons, au contraire, que la preuve incombe au créancier ; en effet, le rôle que joue le créancier qui invoque une exception contre l'action en nullité du débiteur, exception tirée de la confirmation faite par ce dernier, n'est plus le rôle de défendeur, car *reus excipiendo fit actor;* par conséquent, c'est à lui de démontrer que l'exécution a eu lieu en connaissance du vice qui infecte l'obligation et dans l'intention de l'effacer.

En imposant la preuve au créancier, nous supposons que le débiteur n'a confirmé l'acte annulable ou rescindable que par suite d'une erreur de fait. Mais si le débiteur, connaissant en fait les vices qui entachent son engagement, l'exécute volontairement, serait-il encore admis à prétendre que la confirmation n'a point eu lieu en connaissance de cause, parce qu'il ignorait que la loi lui ouvrît dans ce cas une action en nullité ? Cette question doit être résolue par l'affirmative; seulement, ce serait alors à ce débiteur à justifier de l'erreur de droit, en vertu de la règle : *Nemo jus ignorare censetur.* (Aubry et Rau, § 337, note 19; Req. rej., 5 février 1829; Sir., 29, I, 198.)

L'exécution, pour être considérée comme volontaire dans le sens de l'art. 1338, doit être exempte de tout vice de nature à invalider le consentement et n'avoir point eu lieu pour soustraire le débiteur aux poursuites du créancier. (Toullier, VIII, 512; Req. rej., 31 mai 1848; Sir., 48, 1, 475.)

Remarquons enfin que les actes qui semblent seulement annoncer l'intention d'exécuter une obligation, tels que la demande d'un délai, la constitution d'une hypothèque, n'emportent point confirmation tacite; ils peuvent, en effet, n'avoir eu d'autre but que d'engager le créancier à attendre et que de donner ainsi au débiteur le temps de rassembler les preuves qui lui sont nécessaires pour intenter son action en nullité ou en rescision. (Aubry et Rau, *loc. cit.*; Req. rej., 20 décembre 1832; Sir., 33, 1, 345.)

La confirmation, soit expresse, soit tacite, n'exige pas le

concours de la partie au profit de laquelle elle est faite. La raison en est que cette partie est censée avoir donné, par anticipation et dans le moment même où l'obligation a été contractée, son adhésion à la confirmation. Ainsi la confirmation ne peut être révoquée sous prétexte qu'elle n'aurait pas encore été acceptée. (Toullier, VIII, 509.)

L'effet de la confirmation est de purger l'obligation des vices qui l'entachaient ; cet effet remonte au jour où l'obligation a été contractée, de sorte qu'elle est censée n'avoir jamais été ni annulable ni rescindable ; toutefois, cet effet rétroactif ne peut se produire que sous réserve des droits des tiers. (Art. 1338, al. 3.) Ainsi un incapable, un mineur, par exemple, a vendu à *Primus* un immeuble sans l'accomplissement des formalités prescrites ; devenu majeur, il vend ce même immeuble à *Secundus*, et, postérieurement à cette seconde aliénation, il confirme la vente faite à *Primus*. Cette confirmation ne peut nuire au second acquéreur ; car, en revendant en majorité l'immeuble qu'il avait aliéné en minorité, l'ex-mineur s'est dépouillé de tous ses droits de propriété sur cet immeuble, et s'est ainsi enlevé le droit de confirmer au préjudice du second acquéreur la vente passée en minorité. (Civ. Cass., 16 janvier 1837 ; Sir., 37, 1, 102.)

Prenons une autre hypothèse. Un mineur concède un droit d'hypothèque à *Primus* ; après sa majorité, il constitue une autre hypothèque à *Secundus* sur le même immeuble, et, postérieurement, confirme la première hypothèque. La solution sera différente de celle que nous avons adoptée pour le cas d'aliénation, c'est-à-dire que la confirmation produira un effet rétroactif, sans que *Secundus* puisse prétendre qu'il y a lésion pour lui d'un droit acquis. En effet, d'une part, il n'y a rien d'incompatible dans la constitution de deux hypothèques sur le même immeuble ; d'autre part, la confirmation de la première concession d'hypothèque n'anéantit pas la seconde, mais elle lui donne simplement le deuxième rang. *Secundus,* dont l'hypothèque est postérieure à celle qui a été constituée à *Primus*, ne peut se plaindre, averti qu'il était de l'existence de cette première hypothèque ; et, puisque le débiteur, tout en constituant la seconde hypothèque, ne renonçait pas, par cela seul, à la faculté de confirmer celle qu'il avait consentie en minorité, *Secundus* a pu et dû s'attendre à cette confirmation. (Toullier, VII, 524 ; Troplong, II, 487 ; Aubry et Rau, § 266, note 29 ; Pont, n° 616 ; Paris, 15 décembre 1830 ; Sir., 31, 2, 33. — *Contrà :* Grenier, I, 42 ; Zachariæ, § 266 ; Paris, 23 juillet 1838 ; Sir., 39, 2, 5 ; Douai, 18 mai 1840 ; Sir., 40, 2, 289.)

§ 2. De la prescription.

A la différence de ce qui existait dans l'ancien droit, les actions en nullité et les actions en rescision sont soumises par l'art. 1304 du Code civil à une seule et même prescription. Le délai de cette prescription est de dix ans, sauf les exceptions spéciales apportées à cette règle générale par les art. 1676, 1622, 1854, qui restreignent la durée de l'action à deux ans, à une année et même à trois mois.

La prescription établie par l'art. 1304 est complètement étrangère aux actes non avenus ; l'inefficacité peut en être proposée à toute époque : on ne saurait, en effet, comprendre que l'écoulement d'un laps de temps plus ou moins long puisse donner la vie au néant.

Les expressions initiales de l'art. 1304, *Dans tous les cas,* indiquent qu'en thèse générale la prescription de dix ans est applicable à tous les actes annulables et rescindables, peu importe qu'il s'agisse d'une nullité textuelle ou virtuelle, d'une nullité d'ordre public ou d'intérêt privé, d'une nullité prononcée par le Code Napoléon ou par des lois spéciales, enfin d'une nullité établie en faveur de personnes morales ou de personnes physiques.

En ce qui concerne particulièrement l'action en nullité accordée aux mineurs non émancipés, à raison de l'inobservation des formes prescrites pour la validité de certains actes juridiques, la prescription de dix ans s'applique-t-elle aussi bien au cas où ces actes ont été passés par les tuteurs qu'à celui où ils l'ont été par les mineurs eux-mêmes? Certains auteurs soutiennent que lorsque le tuteur a vendu un immeuble appartenant au mineur sans observer les formalités prescrites par la loi, le mineur peut poursuivre la restitution de l'immeuble aliéné par l'action en revendication contre le tiers acquéreur, tant que l'usucapion n'a pas été accomplie au profit de ce dernier. Le tuteur qui n'a point rempli les formalités prescrites par la loi est, dit-on, à considérer à l'égard du mineur comme un mandataire qui excède les limites de son mandat; or, d'après l'article 1998, l'acte passé par le mandataire en dehors de son mandat est à considérer comme non avenu à l'égard du mandant, et, par conséquent, son inefficacité ne peut se couvrir par la prescription. (Duranton, III, 598, X, 282, XII, 545; Grenier, *Des hypothèques*, I, 48; Vazeille, *Des prescriptions*, II, 550.)

L'assimilation que ces auteurs veulent établir entre le tuteur et le simple mandataire n'est point exacte. En effet, d'après l'art. 450, le tuteur est le représentant du mineur dans tous les actes de la vie civile, et si, pour certains actes, la loi l'astreint à certaines formalités, elle ne fait pas dépendre de leur accomplissement sa qualité de représentant du mineur. Sans doute, si ces formalités n'ont pas été remplies, l'acte est nul ; pourtant le mineur y a été représenté, et on peut le lui opposer comme s'il l'avait lui-même passé, d'après la maxime : *Factum tutoris, factum pupilli.* La prescription couvrira donc cet acte. (De Fréminville, *De la minorité*, II, 896 ; Aubry et Rau, § 339, note 9 ; Civ. Cass., 25 novembre 1835 ; Sir., 36, 1, 130 ; Req. rej., 7 juillet 1851 ; Sir., 51, 1, 641.)

De ce que l'art. 1304 ne mentionne expressément que les actions en nullité ou en rescision de conventions, faut-il en conclure que sa disposition ne s'applique qu'aux conventions proprement dites ? Ne doit-on pas penser, au contraire, que le législateur a pris le mot *convention* dans son sens le plus large et a eu en vue tout acte de volonté (paiement, quittance, acceptation ou répudiation de succession) d'où résulte un engagement, une renonciation ou une décharge, et qui, opérant à l'instar d'une convention, lorsque le bénéfice en a été accepté par les intéressés, confère ainsi à ces derniers des droits irrévocables ?

L'art. 46 de l'ordonnance de 1510, qui forme le point de départ de notre législation, en ce qui concerne la prescription des actions en nullité et en rescision, l'avait fixée à dix ans, non-seulement pour les contrats, mais encore pour les autres actes. Les rédacteurs du Code civil n'ont évidemment employé les expressions en apparence restrictives de l'art. 1304 que pour empêcher que les dispositions de cet article ne fussent étendues à des actes qui, d'après leur nature, ne sont pas susceptibles d'être soumis aux mêmes règles que les conventions proprement dites. Cette interprétation est confirmée par l'art. 1304 lui-même ; l'emploi de l'expression *actes*, dans les al. 2 et 3, donne à entendre que le terme *convention*, dont le législateur s'est servi dans le premier alinéa, doit être pris dans un sens large.

La prescription établie par l'art. 1304 concerne donc toutes les actions en nullité et en rescision dirigées contre les actes relatifs au patrimoine, qui opèrent à l'instar des contrats ; mais elle ne concerne que celles-là. Donc :

1° Elle est complétement étrangère aux actions tendant à l'annulation de conventions ou d'actes de l'état civil, tels que mariage, adoption, reconnaissance d'enfant naturel.

2° Elle ne peut être opposée qu'aux actions en nullité et en rescision intentées par les parties elles-mêmes, et non à celles qui compéteraient aux tiers en leur propre nom. C'est ainsi que l'action en nullité ouverte aux héritiers contre une donation faite par leur auteur se prescrit par trente ans et non par dix ans. Les héritiers du donateur peuvent, il est vrai, en vertu de l'art. 1340, confirmer cette donation ; mais cette faculté ne leur est accordée qu'en leur propre nom, puisque leur auteur est, par l'art. 1339, privé du droit de faire la confirmation ; ils ne continuent donc point à cet égard la personnalité du donateur ; la donation n'est donc, en ce qui les concerne, qu'une *res inter alios acta*, et, par conséquent, ils ne sont envers le donataire que des tiers contre lesquels ne court point la prescription de dix ans.

3° Cette prescription ne s'applique pas davantage aux actions, qui, malgré l'analogie qu'elles présentent avec les actions en nullité ou en rescision proprement dites, ne sont cependant pas à confondre avec celles-ci. Telles sont les actions en résiliation ou en résolution des contrats. La rescision et la nullité ne sont jamais prononcées que par un jugement ; la résiliation et la résolution, au contraire, s'opèrent soit *ipso jure*, comme dans le cas de la révocation d'une donation pour cause de survenance d'enfant, soit par le hasard, comme dans les conditions casuelles, soit enfin par le consentement mutuel des parties. (Duranton, XII, 552.) Telles sont les actions en déclaration de simulation ; le but de ces actions n'est point d'annuler la convention, mais d'en fixer le véritable caractère, d'après l'intention des parties. (Poitiers, 18 juillet 1838; Sir., 38, 2, 391.) Telles sont les actions en rectification de comptes; ces actions n'ont point pour effet de demander la nullité de la convention, mais la rectification de l'erreur matérielle qui s'est glissée dans les comptes. (Civ. rej., 3 décembre 1833 ; Sir., 34, 1, 104.) Telles sont les actions en réduction dirigées par les héritiers à réserve contre les dispositions à titre gratuit de leur auteur. (Rouen, 3 juillet 1835 ; Sir., 36, 2, 98.) Telles sont enfin les actions en répétition de l'indû. Ainsi, si j'ai payé par erreur ce que je ne devais pas, soit parce que je ne l'avais pas promis, soit parce que je l'avais déjà payé, soit parce que l'objet vendu n'existait plus au moment du contrat de vente, il y a lieu à restitution pendant trente ans. Dans ce cas, en effet, le contrat n'existe pas, et ce qui a été payé l'a été *sinè causâ* ou par une cause qui n'a pas eu son effet : *Causâ datâ, causâ non secutâ*. (Duranton, XII, 531 ; Duvergier, *De la vente*, II, 256.) Il en est de même si j'ai payé en vertu d'une cause illicite, par exemple en exécution d'une stipulation d'intérêts usuraires. Si la nullité dont se trouve entachée cette stipulation était susceptible de se couvrir par une confirmation expresse ou tacite, et notamment par le paiement de ces intérêts, l'action en répétition se confondrait avec l'action en nullité. Mais, comme il ressort de l'art. 3 de la loi du 3 septembre 1807 qu'il n'en est pas ainsi, il faut reconnaître que l'action en répétition d'intérêts usuraires est une action essentiellement distincte de l'action en nullité. (Troplong, *Du contrat de prêt*, 401 ; Civ. rej., 31 décembre 1833 ; Sir., 34, 1, 104.) La même solution s'applique à l'action en répétition de sommes payées en vertu d'une contre-lettre intervenue dans la cession d'un office. (Aubry et Rau, § 339, note 19 ; Req. rej., 3 janvier 1849 ; Sir., 49, 1, 282.)

4° Enfin l'art. 1304, ne parlant que des actions en nullité ou en rescision, ne peut être étendu aux exceptions de cette nature. Cette question est fort délicate, et la solution contraire nous avait d'abord semblé préférable par sa simplicité, par sa conformité à la règle que nous avons vue établie en droit romain pour la prescription de la restitution, enfin et surtout parce qu'elle a l'avantage d'assurer la stabilité de la propriété et de faire cesser l'incertitude précisément dans des cas où des motifs graves ont décidé le législateur à établir de courtes prescriptions. Mais un examen plus approfondi de la question nous a ramené à l'opinion adoptée par les anciens jurisconsultes et professée aujourd'hui par la majorité des auteurs. Il y avait dans le droit romain une maxime qui se traduisait par ces mots : *Quæ temporalia sunt ad agendum, perpetua sunt ad excipiendum.* Cette maxime s'appliquait notamment à l'action de dol, qui était infamante et qu'on ne pouvait exercer que pendant un délai très court : une année utile dans le principe et deux années continues sous l'empire. Le débiteur qui avait l'action de dol pouvait bien l'exercer aussitôt ; mais, pour user de l'exception, il devait attendre l'attaque du créancier. Celui-ci ne demandait l'exécution du contrat que lorsque l'action de dol était prescrite : alors le débiteur ne pouvait plus opposer que l'exception, et celle-ci, pour être utile, devait être perpétuelle.

La maxime romaine passa dans notre ancien droit : *Tant dure la demande, tant dure l'exception* ; mais elle fut abrogée par l'ordonnance de Villers-Cotterets, rendue en 1539 par François Ier. Tous les jurisconsultes s'élevèrent contre cette nouvelle législation, et Dumoulin la qualifia d'inique : *In hoc iniqua est constitutio*. Du reste, cette partie de l'ordonnance tomba en désuétude, et la maxime : *Quæ temporalia sunt ad agendum*, etc., l'emporta sans beaucoup de controverse.

Cette ancienne règle a-t-elle été suivie par les rédacteurs du Code ? Pour soutenir la négative, on prétend que la rubrique de la section VII et les art. 1234 et 1304 parlent sans distinction des actions en nullité et des exceptions. On ajoute qu'aujourd'hui le défendeur qui a une exception peut intenter une action quand il le désire ; enfin, que si les rédacteurs du Code avaient voulu abroger l'ordonnance, ils s'en seraient, en raison même des critiques qu'elle avait suscitées, formellement exprimés. (Duranton, XII, 549.)

Les partisans de l'affirmative soutiennent que l'art. 1304 est fondé sur une idée de ratification ; or, quand le contrat annulable n'a pas été exécuté par le débiteur, son inaction peut s'expliquer plutôt par une idée de négligence que par une idée de confirmation, et, par conséquent, les rédacteurs du Code ont bien dû distinguer le cas où l'obligation a été exécutée de celui où elle ne l'a pas été. Les textes semblent en harmonie avec cette manière de voir ; car l'art. 1304 ne parle pas de l'exception, et l'art. 317 fournit un argument d'analogie indiquant l'esprit des rédacteurs en cette matière. (Toullier, VII, 600 ; Troplong, *De la prescription*, II, 827 et suivants; Aubry et Rau, § 771.) Aux raisons données par ces auteurs on peut ajouter que l'opinion contraire conduirait à des applications peu conformes à l'équité, notamment en ce qui concerne l'interdit. Un interdit, après le jugement d'interdiction, fait un acte qui lui porte préjudice; il a l'action en nullité pendant dix ans. Mais l'art. 1304 fait courir la prescription du jour où l'interdiction est levée. L'interdit a bien recouvré sa capacité; mais le créancier ne demande pas l'exécution de l'acte, et l'interdit, ne voyant aucune diminution apparente de son patrimoine et ne se souvenant pas de cet acte fait quand il était dans l'état que la loi suppose pour motiver l'interdiction, n'intente aucune action. Cependant dix ans se sont écoulés, et le créancier demande alors l'exécution du contrat. L'interdit n'aura aucun moyen de défense. En vain dit-on qu'il pourra prouver que l'acte qui a été fait par lui l'a été dans un moment de démence et qu'il n'a pu donner un consentement valable; cette preuve n'est pas facile à faire. D'autres disent que le délai ne courra que du jour où il aura pu avoir connaissance de l'acte qu'il a fait, et ils décident ainsi, en appliquant par analogie les dispositions de la loi de 1838; mais la loi de 1838 sur les aliénés est une loi spéciale qui s'est bornée à apporter quelques exceptions aux règles générales édictées par le Code civil au sujet des personnes en état de démence ou de fureur, et elle a laissé subsister toutes ces règles dans les cas qu'elle n'a point formellement exceptés. Or, elle ne parle point des interdits; donc elle leur est inapplicable.

Le délai de dix ans dont parle l'art. 1304 est-il un délai préfix ou, au contraire, un délai de prescription? Nous admettons cette dernière alternative. Nous ne nous laissons, en effet, point arrêter par l'argument qu'on voudrait tirer de l'art. 1304, qui se borne à dire que l'action en nullité ou en rescision *dure dix ans*. L'argument d'analogie qu'on prétend trouver dans les art. 1663, 1676, 1622 et 1648 ne nous semble pas plus probant ; ces articles, en effet, ne constituent que des exceptions, et c'est seulement un argument *à contrario* qu'on en peut tirer. D'ailleurs, les principes généraux du droit commun ne permettent pas d'admettre que les actions en nullité et en rescision soient à considérer comme constituant l'exercice d'un bénéfice exceptionnel ; elles tendent à la réalisation d'un droit acquis et ne peuvent dès lors s'éteindre que par une véritable prescription. (Aubry et Rau, § 339, note 31 ; Vazeille, *Des prescriptions*, II, 572. — *Contrà* : Toullier, VII, 615 ; Duranton, XII, 548.)

Quel est le point de départ de la prescription dont s'agit ? En thèse générale, elle commence à courir du jour auquel a été passé le contrat ou l'acte entaché d'une cause de nullité ou de rescision ; dès ce moment, en effet, celui contre lequel cette prescription est établie peut intenter son action.

Cette règle souffre exception :

1° Lorsqu'un obstacle apporté par quelque disposition légale s'oppose à ce que la nullité soit immédiatement couverte par voie de confirmation : la prescription ne court, en pareil cas, que du jour où la confirmation est devenue légalement possible. Ainsi, les époux ne peuvent, pendant le mariage, aliéner les fonds dotaux ; ils ne peuvent également confirmer une semblable aliénation ; car la confirmation se trouverait entachée du même vice que l'aliénation elle-même. Or, la prescription reposant sur une présomption de confirmation, où la confirmation expresse n'est pas possible, la confirmation présumée ne l'est pas davantage. La prescription contre une semblable aliénation ne commencera donc à courir qu'à la dissolution du mariage (art. 1560).

2° La prescription contre les actions en nullité ou en rescision ouverte au profit des incapables ne court que du jour où l'incapacité a cessé. Il suit de là que le délai court :

a) Contre la femme non autorisée, du jour de la dissolution du mariage. Le même point de départ doit être accordé au mari qui peut avoir intérêt à faire annuler, après la mort de sa femme, les obligations que celle-ci a contractées durant le mariage. Si l'autorisation a été donnée, le délai n'est pas suspendu, à moins que l'action ne dépende d'une option entre l'acceptation et la répudiation de la communauté, ou qu'elle soit de nature à réfléchir contre le mari, comme dans le cas où ce dernier aurait contraint sa femme à souscrire un acte (art. 2256).

b) Contre le mineur, du jour de sa majorité. Il jouit non-seulement de cette suspension quand il est restitué en vertu d'un privilége spécial fondé sur la minorité, mais encore lorsqu'il invoque une cause de nullité ou de rescision qu'un majeur serait également admis à faire valoir. Que l'acte ait été passé par le mineur ou par le tuteur au nom du mineur ou par ce dernier, la prescription court également à dater de la majorité, et non pas seulement de la connaissance que le mineur peut avoir acquise de l'acte qu'il attaque. (Civ. Cass., 30 mars 1830 ; Sir., 30, 1, 238.)

c) Contre l'interdit à partir de la levée de l'interdiction, sans qu'il y ait lieu de distinguer entre les actes passés soit avant, soit après le jugement d'interdiction.

d) Contre l'individu placé dans un établissement d'aliénés, à compter du jour où, après sa sortie définitive de l'établissement, il a eu connaissance des actes par lui passés en état de démence, soit par signification, soit autrement, et contre ses héritiers, à partir du moment où ils en ont eux-mêmes obtenu connaissance après le décès de leur auteur, à moins toutefois que la prescription n'ait déjà commencé à courir contre ce dernier (art. 39 de la loi du 30 juin 1838). La personne placée dans un établissement d'aliénés se trouve ainsi dans une situation plus favorable que l'interdit. Il y a là, sans doute, une véritable inconséquence, puisque les interdits dont l'état de démence est judiciairement établi méritent une protection plus spéciale encore que les individus non interdits, sur lesquels ne pèse qu'une simple présomption de démence attachée à leur séquestration dans un établissement d'aliénés. Toutefois, cette inconséquence n'a pas, dans la pratique, de graves inconvénients. En effet, ou bien l'acte passé par l'interdit a été exécuté durant le temps de l'interdiction; dans ce cas, il est difficile qu'il n'en obtienne pas connaissance, lorsqu'après la levée de l'interdiction il recevra son compte de tutelle et reprendra l'administration de sa fortune. Ou bien l'acte n'a pas été exécuté : dans ce cas il pourra toujours, lorsque l'exécution en sera demandée contre lui, opposer la nullité par voie d'exception, d'après la règle : *Quæ temporalia ad agendum, perpetua sunt ad excipiendum.*

e) Contre l'individu en état de démence, mais non interdit, du jour où il aura recouvré la raison.

f) Contre la personne pourvue d'un conseil judiciaire, à dater du jour où la défense de procéder sans conseil a été levée.

3° La prescription ne court contre les actes entachés de nullité par suite d'un vice de consentement fondé sur la violence, l'erreur ou le dol, que du jour où la violence a cessé, où le dol et l'erreur ont été découverts (art. 1304). Du reste, c'est à celui qui se prévaut de la suspension de la prescription à prouver que l'erreur ou le dol n'ont été découverts que depuis moins de dix ans : *Reus excipiendo fit actor*. (Civ. Cass., 26 juillet 1825; Sir., 25, 1, 370; Besançon, 1er mars 1827; Sir., 27, 2, 141.) M. Duranton (XII, 536) pense, et nous partageons cet avis, que cette preuve peut être administrée par tous les moyens, par témoins et même à l'aide de simples présomptions. (Civ. rej., 13 mars 1849; Sir., 49, 1, 347.)

L'exception que nous avons admise pour l'erreur et le dol ne doit pas être étendue à la lésion, c'est-à-dire que la connaissance de ce vice n'est point nécessaire pour faire courir la prescription. En effet, l'art. 1304 ne fait pas mention de la lésion ; bien plus, dans le troisième alinéa, il fixe pour tous les actes passés par le mineur le point de départ de la prescription au jour de la majorité, sans distinguer s'il a eu ou non connaissance de la lésion. Enfin, les articles 1676 et 1622 tranchent la question d'une façon formelle. Cette solution se justifie du reste parfaitement au point de vue théorique. La partie dont le consentement est infecté du vice de dol, d'erreur ou de violence, se trouve dans l'impossibilité d'agir tant que ce vice n'a point cessé ; car elle est privée soit de la liberté par suite de la violence exercée contre elle, soit des moyens de vérifier une erreur ou un dol dont elle n'est pas à même de soupçonner l'existence. Tout au contraire, celui qui est victime d'une lésion peut la reconnaître du jour même où il l'éprouve ; car ce vice n'affecte ni la volonté ni l'intelligence ; on peut toujours le supposer, et on doit, à moins de négliger le soin de ses affaires, en vérifier l'existence et, s'il y a lieu, en poursuivre la réparation. La prescription doit donc courir contre l'acte lésionnaire à partir du jour où il a été passé, et non pas seulement où la partie lésée a eu connaissance de la lésion.

Le terme stipulé dans une obligation sujette à être annulée ou rescindée suspend-il le délai de dix ans? Nous préférons la négative, enseignée par M. Duranton et fondée sur le motif que celui qui souscrit un pareil engagement a le droit d'en demander aussitôt la nullité. (*Contrà :* Toullier, VII, 611.)

Si une obligation annulable ou rescindable est affectée d'une condition suspensive, le délai ne commence à courir que de l'événement de la condition. Cette solution nous paraît conforme aux principes du droit commun ; car, comme le dit Toullier (VII, 609), jusqu'à la réalisation de la condition, il n'existe point de contrat et, partant, pas d'obligation, mais seulement une simple espérance : *spes tantùm debitum iri.* D'ailleurs, faire courir la prescription, dans cette hypothèse, à dater du jour de la passation du contrat, ne serait-ce pas contraindre les parties à commencer un procès qui peut n'avoir point d'objet?

Le délai de l'art. 1304 ne constituant pas, ainsi que nous croyons l'avoir établi, un délai préfix, mais une véritable prescription, il en résulte que les règles sur la suspension ou l'interruption de la prescription en général doivent également s'appliquer à la prescription qui nous occupe. Ainsi, lorsqu'un mineur ou un interdit succède à une personne contre laquelle la prescription de l'action en nullité ou en rescision avait déjà commencé de courir, cette prescription est suspendue tant que dure la minorité ou l'interdiction. En vain M. Toullier prétend-il que le Code, afin d'assurer la stabilité des transactions, ne suspend l'action jusqu'à la majorité ou à la levée de l'interdiction qu'à l'égard des actes *faits par les mineurs ou par les interdits* et non à l'égard des actes *faits par ceux auxquels ils succèdent.* Cet argument, tiré de la rédaction de l'article 1304, tombe devant la généralité des termes de l'article 2252. Cet article dit explicitement que la prescription ne court pas contre les mineurs et les interdits, à l'exception des cas déterminés par la loi ; or, comme il n'existe aucune loi qui excepte de cette disposition générale la prescription de dix ans à laquelle toutes les actions en nullité et en rescision sont, en principe, soumises, il faut en conclure que la prescription est suspendue à l'égard du mineur et de l'interdit, sans qu'il y ait à distinguer si l'acte a été passé par l'incapable ou par son auteur.

Du reste, les dispositions de l'art. 1304 ne forment pas obstacle à l'application de la règle générale établie par l'article 2262. Ainsi, s'il s'était écoulé plus de trente ans depuis la passation d'un acte entaché de dol ou d'erreur, l'action en nullité se trouverait prescrite, bien qu'il ne se fût point écoulé dix années depuis la découverte du dol ou de l'erreur. En limitant à dix années le délai pendant lequel les actions en nullité et en rescision peuvent utilement être intentées, le législateur a clairement manifesté qu'à ses yeux elles méritaient moins de faveur que les actions ordinaires, qui ne se prescrivent que par trente ans. Et si pour tempérer les conséquences de cette réduction, il a cru devoir exceptionnellement fixer le point de départ de la prescription de dix ans au moment de la découverte de l'erreur ou du dol, cela n'autorise pas à supposer qu'il ait voulu soustraire les actions dont s'agit à la prescription de trente ans.

Il ne faut pas, d'ailleurs, perdre de vue que l'exception de nullité reste indéfiniment ouverte au profit de celui qui n'a pas exécuté l'acte contre lequel il est fondé à revenir, et que l'action en nullité n'est, en définitive, qu'un moyen pour faire admettre une demande en répétition ou en restitution. Or, il serait contraire à l'esprit général de notre législation et au but final de la prescription de trente ans, qui est de garantir le patrimoine contre toute réclamation ultérieure, d'étendre au delà de ce terme la durée normale d'actions qui ne présentent qu'un intérêt pécuniaire. (Aubry et Rau, § 339, note 32; Paris, 22 juillet 1853; Sir., 53, 2, 49.)

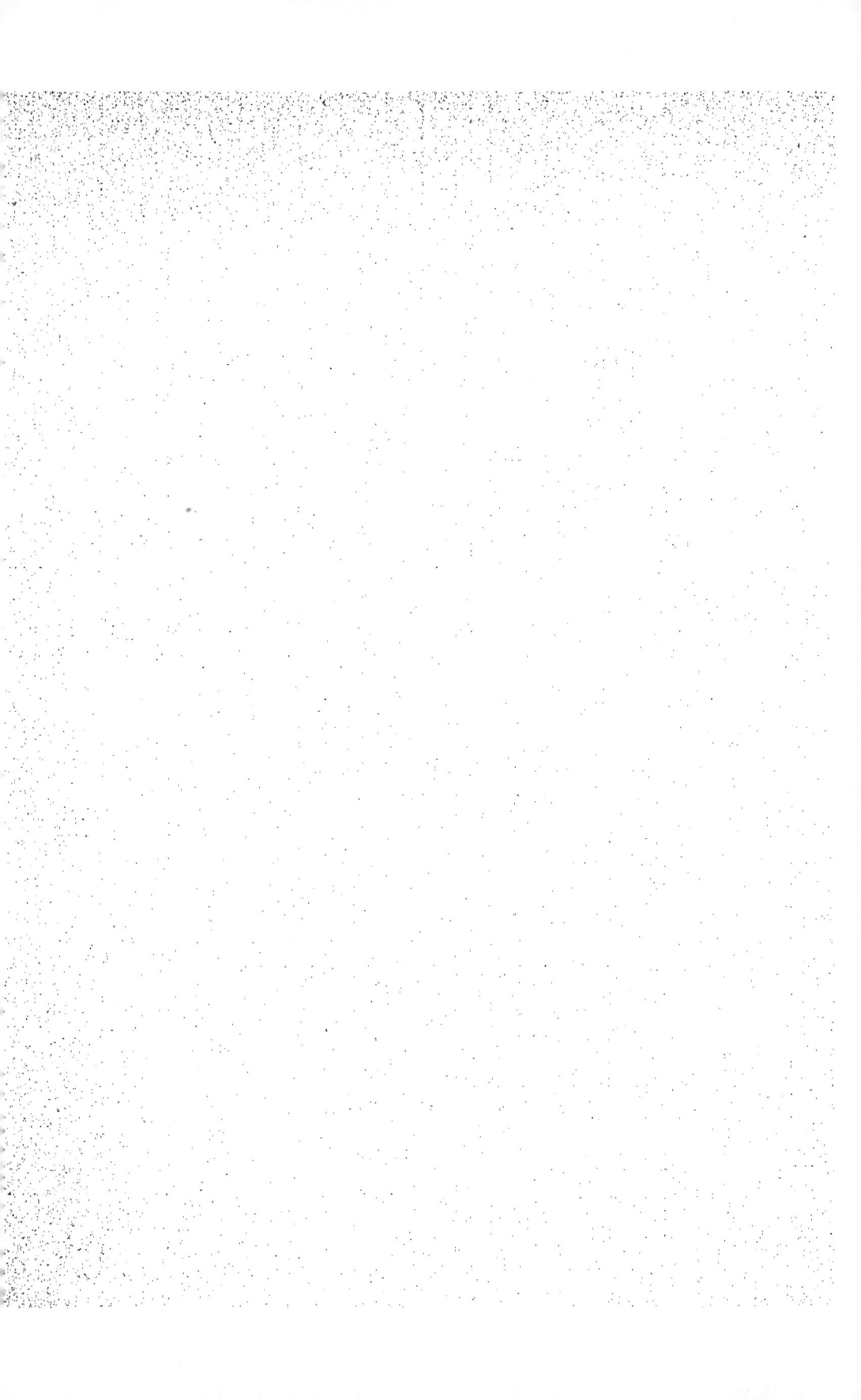

POSITIONS.

DROIT ROMAIN.

I. Le *lucrum cessans* ne donne pas lieu à la restitution quand il vient *ex pœnâ vel damno alterius*. Ce cas excepté, il donne lieu à la restitution aussi bien pour les absents que pour les mineurs.

II. La loi 3, § 4 (D., IV, 4), contient une véritable exception aux principes généraux. Elle est confirmée par le rescrit de Gordien. (L. 1, § 2, C. II, 23.)

III. Le fidéjusseur du mineur peut invoquer la restitution selon certaines distinctions indiquées par la loi 3, § 4, et la loi 13, pr. (D., IV, 4.)

IV. On peut obtenir contre une restitution prononcée une restitution nouvelle qui détruise l'effet de la première; la loi 8, § 6 (C. VI, 61), ne s'y oppose pas.

V. Il n'y a pas antinomie entre la loi 3, § 2, et la loi 30 (D., IV, 4).

VI. Il n'est pas nécessaire, pour que la prescription de la

restitution puisse courir, que la partie lésée ait eu connaissance de la lésion.

VII. Lorsque plusieurs motifs de restitution existent à la fois pour une seule et même personne, elle peut contre la prescription d'une restitution invoquer une restitution nouvelle. La loi 20, pr. (D., IV, 4), n'y forme point obstacle.

VIII. Dans l'hypothèse d'un prêt d'argent fait à un pupille sans l'autorisation de son tuteur, il naît une obligation naturelle à la charge du pupille pour ce qui dépasse le profit par lui retiré de ce prêt.

DROIT CIVIL FRANÇAIS.

I. Sous l'empire du Code civil, l'action en nullité et l'action en rescision constituent deux actions distinctes.

II. La règle posée par l'art. 502 comprend les conventions matrimoniales et les testaments.

III. C'est par voie de nullité, et non pas seulement par voie de rescision, que le mineur devenu majeur peut réclamer contre les aliénations et les hypothèques qu'il a consenties sans observer les formalités prescrites par la loi.

IV. L'acte fait par le tuteur selon les formes prescrites par la loi ne peut être attaqué par le mineur pour cause de lésion.

V. L'acte passé par le mineur non émancipé en l'absence de son tuteur donne lieu à une action en rescision et non à une action en nullité.

VI. Lorsqu'une obligation est entachée de plusieurs vices de nullité, la mention dans l'acte confirmatif d'un seul de ces vices n'emporte point confirmation pour les autres.

VII. C'est au créancier qui se prévaut de la confirmation résultant de l'exécution volontaire de l'obligation par le débiteur, à prouver que ce dernier a agi en connaissance du vice dont l'obligation était entachée.

VIII. La confirmation donnée par le mineur devenu majeur remonte au jour de la constitution hypothécaire, et la valide même au regard des créanciers auxquels il aurait, depuis la majorité, conféré de nouvelles hypothèques.

IX. L'héritier contre lequel on se prévaudrait d'un traité fait avant l'ouverture de la succession pour repousser l'action en pétition d'hérédité ou en partage par lui introduite, est encore admis à faire déclarer ce traité non avenu, bien qu'il se soit écoulé plus de dix ans depuis le décès de la personne dont la succession forme l'objet de cette action.

X. La prescription de dix ans court contre l'aliénation des immeubles d'un mineur non émancipé faite par le tuteur sans observer les formalités prescrites par la loi.

XI. L'art. 1304 du Code civil ne s'applique qu'aux actions en nullité et en rescision, il est étranger aux exceptions.

XII. Le laps de dix ans, dont parle l'art. 1304, n'est pas un délai préfix, mais une prescription.

XIII. L'action en rescision pour cause de lésion de plus des sept douzièmes est toujours de nature immobilière.

XIV. La prescription des actions en nullité ou en rescision transmises à des héritiers mineurs ou interdits ne commence à courir que du jour où leur incapacité aura cessé, et non à partir du décès de leur auteur.

XV. L'art. 1304 ne s'oppose pas à l'application de l'art. 2262.

XVI. L'aliénation faite par le demandeur en rescision contre un partage de tout ou partie des objets compris dans son lot n'entraîne pas, eût-elle eu lieu après connaissance acquise de la lésion, une fin de non-recevoir, à raison de laquelle le juge soit nécessairement obligé de rejeter son action.

DROIT COMMERCIAL.

I. Les tribunaux ne peuvent autoriser la femme à faire le commerce, soit en cas de refus, soit en cas d'absence ou d'incapacité du mari, quels que soient le régime matrimonial et l'état personnel des époux.

II. Ne peuvent être commerçants ni l'enfant naturel mineur non reconnu ni l'individu pourvu d'un conseil judiciaire.

DROIT ADMINISTRATIF.

I. La prescription de dix ans s'applique à l'action en nullité d'une aliénation de biens communaux consentie par le maire en cette qualité sans l'observation des formalités requises.

II. Dans le cas où des délits par attroupement ont été commis par des étrangers sur une commune, pour que cette commune soit déchargée de toute responsabilité, il suffit qu'elle ait fait ses efforts pour empêcher l'événement.

III. La loi du 10 vendémiaire an IV est applicable à la ville de Paris.

CODE PÉNAL.

I. Le condamné peut dans tous les cas refuser sa grâce.

II. La loi du 17 mai 1819 s'applique à la diffamation envers les morts.

PROCÉDURE CIVILE.

I. Les actions rescisoires ou résolutoires de nature à réfléchir contre les tiers sont des actions mixtes lorsqu'elles sont dirigées contre celui avec lequel le contrat annulable ou rescindable a été formé, peu importe que les tiers détenteurs aient été ou non mis en cause: elles sont purement réelles, lorsqu'après l'annulation ou la rescision du contrat originaire, elles sont formées uniquement contre les tiers détenteurs.

Vu et permis d'imprimer :
Le Recteur,
J. VIEILLE.

Vu :
Le Doyen, Président de la thèse,
C. LACOMME.

BESANÇON, IMPRIMERIE DE J. JACQUIN.

Texte détérioré — reliure défectueuse

NF Z 43-120-11

www.ingramcontent.com/pod-product-compliance
Lightning Source LLC
Chambersburg PA
CBHW071500200326
41519CB00019B/5823
9782011306050